Walter Kohli - Rock-Musik und christliche Lebenshaltung

Walter Kohli

Rock-Musik und christliche Lebenshaltung

Die grösste musikalische Revolution des 20. Jahrhunderts

Das Haus der Bibel

Zürich, Basel, Genf

von "Christl. Buchhandlung" 353229 Esslingen (früher Wagner)

Abdruck der Zitate aus Büchern und Zeitungen mit freundlicher Erlaubnis der Verlage.
Abdruck der Bibeltexte aus der Schlachterbibel mit freundlicher Erlaubnis der Genfer Bibelgesellschaft.

Druck: Imprimerie Corbaz S.A., Montreux, Schweiz
Fünfte Auflage 1991
ISBN 2-8260-5005-2

Rock-Musik und christliche Lebenshaltung

Die grösste musikalische Revolution des 20. Jahrhunderts

Inhalt

Cap

Vorwort zur fünften Auflage

Schnellebig wie sie ist, hat die Rockszene in den letzten zehn Jahren durch grosse Kreativität eine beeindruckende Vielfalt hervorgebracht. 1975 umfasste das Rock-Lexikon 445, fünfzehn Jahre später 1048 Seiten. Die dynamische Entwicklung macht aber einen Neudruck dieses Buches nicht überflüssig.

Anfangs der achtziger Jahre schrieb ich von Klassik, Nostalgie, Schaffen, Experimentieren und Avantgarde sowie von einer zu erwartenden weiteren Reizsteigerung, die in der Heavy-Szene auch eingetroffen ist. Heute redet man neben dem ursprünglichen Hard Rock auch von Heavy Metal, Speed Metal, Trash Metal und Death Metal. Zu den Texten sagt eine Zeitschrift: «In Heavy-Texten geht es nicht ausschliesslich um Groupies, Drogen, Tod und Verderben oder Sex, doch diese, wie überhaupt okkulte Themen, nehmen breiten Raum auf den Alben ein» (*neu leben*, Berlin, Jan. 91). Die okkulte Seite des Heavy Metal nimmt in beängstigendem Masse zu, wie aus vielen Hard-Rock-Plattenhüllen und -Texten ersichtlich ist. Der zerstörerische Einfluss auf die Heavy-Fans, junge Leute ab zwölf Jahren, wird mit Grund besonders in den USA von Eltern und Lehrern kritisiert und bekämpft.

Wenn man vor ein paar Jahren von Disco, Punk und New Wave sprach, dann wird jetzt die grösste Pop-Explosion seit Punk angezeigt: Rave. Eine Zeitschrift stellt die Frage: «Was ist Rave? Popmusik, Drogenkultur oder Lebensgefühl? Auf jeden Fall ein heisses Ding: zum Tanzen, Ausklingen und Raven.» Wie Rock und Pop allgemein, ist auch Rave ein Lebensstil – mit einem «Motto: Eine Party, die nie endet, und ein schlichtes Glaubensbekenntnis: 'Community, Euphory, Ecstasy' – was will man mehr?» – Mit Symbolen: A und E für Acid und Ecstasy. Kein Alkohol, dafür Drogen. Wichtig ist «das grosse kollektive Feeling». – Mit einer Mode: «Es ist der hässlichste Look, den es bislang gab»: «Tragekomfort und extrem weite Klamotten.» – Mit Musik. – Mit einem

Jargon. – Mit dem Style «einer schrägen Ausgabe von Woodstock mit einem Hauch von Hip Hop» (*Wiener*, München, Jan. 91).

Heavy Metal und Rave sind nur zwei Facetten der grossen Vielfalt des heutigen Rock. Wir könnten noch viele andere Themen ansprechen, wie zum Beispiel die Rolle von Frauen in Rockbands. Wir merken es: Zehn Jahre Rock- und Pop-Entwicklung haben viele neue Formen und Spielarten gebracht, aber das Wesentliche ist geblieben: Es ist eine Musikkultur, die einen Lebensstil hervorbringt, eine von der Subkultur zur Alternativ-Kultur avancierende, jetzt salonfähige Musikwelt mit den gleichen Ausdrucksmitteln, wie sie das IV. Kapitel dieses Buches beschreibt.

Am 24. Mai 1991 kann Bob Dylan seinen 50. Geburtstag feiern. Seit seinen drei christlichen Platten (1979/80/81) sind die Kreise, die ihn einen Evangelisten nannten, ernüchtert worden. Das *Tagi-Magazin* (Zürich) vom 25./26. Januar 1991 widmet ihm das Dossier: «1979 besucht Dylan einen evangelistischen Wiedererweckungskurs und bekehrt sich zum Christentum. Zwei Jahre ist er auf Gospeltour und spielt nur religiöses Material.» Leider ist Dylan seinem früheren Charakter treu geblieben: «Chamäleonartig in immer wechselnden Inkarnationen feiert er seine Auferstehung», hiess es 1989 in einem Pressetext. Er ist «ein wandelnder Selbstwiderspruch, sein Leben eine «absurde Folge tragikomischer Kurzgeschichten». Er ist «der Unfassbare, der Entwischende». Manche der heutigen Jugendlichen kennen ihn laut *Tagi-Magazin* aus Schulbüchern, er ist kaum mehr das Sprachrohr ihrer Generation, gehört für viele bereits zur Rockgeschichte.

In evangelischen Kreisen hat sich die theoretische Diskussion um Christlichen Rock und Hard Rock wohl etwas abgenützt und erschöpft, die Musik-Praxis ist aber im Gemeindealltag nach wir vor ein Problem.

Auch wenn dieser neuen Auflage die Beschreibung der Rock-Welt der letzten Jahre und der Ausblick auf die neunziger Jahre fehlt, sind doch die Hauptaussagen aktueller denn je: Die neun charakteristischen Merkmale und die Ausdrucksmittel der Rock-Welt sind heute noch die gleichen. Die Rock-Kultur steht nach wie vor völlig im Widerspruch zur christlichen Lebenshaltung. Wir brauchen mehr denn je Musik des Friedens, nicht «christlichen» Rock; Musik des Friedens auch in Kirche und Gemeinde; Musik des Friedens, die der schöpferischen Tätigkeit von wiedergeborenen Komponisten entspringt.

Bern, Februar 1991 Walter Kohli

I. Worum geht es eigentlich?

Die Rock-Kultur im grösseren Zusammenhang mit den Jugendproblemen

Was haben denn Rock-Musik und christliche Lebenshaltung miteinander zu tun? Wie kann man Musik und eine Lebenshaltung in Zusammenhang bringen? So fragt vielleicht der Leser.

Um es vorweg zu nehmen: In diesem Büchlein soll die Rock-Musik und vor allem die Rock-Kultur vom christlichen Standpunkt aus betrachtet werden.

Rock-Musik ist eine SPRACHE, die viele junge Leute verstehen und gerne hören. Ältere Menschen stehen ihr oft verständnislos gegenüber. Rock-Musik ist darum ein STEIN DES ANSTOSSES und eines der auffälligsten Merkmale der Kluft zwischen den Generationen. Die Eltern können es nicht verstehen, wenn ihre Kinder stundenlang Rock-Musik hören. Die jugendlichen Musikliebhaber liegen dabei oft passiv auf dem Bett in ihrem von überlauten Klängen erfüllten Zimmer, oder sie führen sich die Musik mit Stereokopfhörern zu Gemüte. Vielfach sind die Zimmerwände mit zum Teil lebensgrossen Abbildungen der Musikstars tapeziert.

Die Spaltung zwischen den Generationen ist manchmal so gross, dass kein gemeinsames Gespräch mehr möglich ist. Die Eltern kennen den Rock und Pop gar nicht und empfinden eher Abscheu davor, während sich die Jugendlichen in die Welt ihrer Musik zurückziehen. Die Rock-Musik ist damit der Ausdruck eines in seiner Art wohl einmaligen Generationenkonfliktes in der zweiten Hälfte des 20. Jahrhunderts.

Eine neue Art von Generation

Was sind nun die Ursachen, die zur Rock-Kultur führten? Warum sagt man, nach dem Zweiten Weltkrieg sei offenbar nicht nur eine neue Generation, sondern eine neue Art von Generation aufgewachsen?

Die Einführung des Rock-Lexikons erklärt uns die menschlichen Hintergründe:

«Indem die Gesellschaft ihrem Nachwuchs materiellen Luxus erwirtschaftete und eine vordem ungekannte Mobilität ermöglichte, liess sie ihn jedoch auch in entscheidenden Stadien der Persönlichkeitsentwicklung allein. Auf einer Tagung... zum Thema Einsamkeit, in Stuttgart, führte die Heidelberger Tiefenpsychologin Prof. Annemarie Sänger 1967 Einsamkeits- und Heimweh-Neurosen unter den Jugendlichen auf mangelndes Verständnis der vom Berufsleben total in Anspruch genommenen Eltern zurück. Rock-Texte lieferten in den sechziger Jahren dafür eine Fülle von Indizien.

In einem nie zuvor gekannten Ausmass erklärte ein Grossteil der Jugend nach 1955 im Rock-Konzert, im Beat-Keller oder am heimischen Plattenspieler den Wertvorstellungen ihrer Eltern eine Absage: zunächst, da im Umgang mit ekstatischen Klängen ungeübt, in Form zertrümmerten Mobiliars und in Strassenkrawallen, später durch die Herausbildung einer Art Subkultur mit eigenen Verhaltensweisen, Modeströmungen und einem eigenen Jargon...»

Die Rock-Jugend tanzte offenbar in den Discotheken ein Ritual.

«'Sie stampften mit ihren Absätzen auf dem Tanzboden', beobachtete der italienische Schriftsteller Vespignani, 'als ob sie den Rücken eines besiegten Feindes träten. Und ich habe den Verdacht, dass wir, die schon fertige Generation, es sind, die sie unter ihren Füssen glauben.'

Je deutlicher eine wachsende Zahl von Jugendlichen die Unmöglichkeit ungehemmter Bedürfnisbefriedigung und Selbstverwirklichung in der westlichen Industriegesellschaft erkannte, je intensiver die Heranwachsenden unter Kontakt-

schwierigkeiten mit Eltern und Gleichaltrigen litten, je stärker der berufliche Leistungsdruck — bei verkürzter Arbeitszeit — anwuchs, je mehr sich Lehrlinge, Schüler und Studenten auf komplizierte Produktions- und Lernprozesse konzentrieren mussten, desto grösser wurde ihr Bedürfnis nach wortloser Kommunikation untereinander in Freizeiträumen ausserhalb funktioneller Organisationen. Deshalb pilgerten die jungen Arbeiter und Akademiker — scheinbar weg von Repression und Autorität — nach Feierabend aus Fabrikhallen und Hörsälen in Rock-Lokale und Pop-Konzerte, deshalb suchten sie am Wochenende unter der Lärmglocke gewaltiger Festivals Asyl...
Sprachliche Verständigung wurde durch gemeinsames Haschischrauchen und Musikhören, die verbalen Kunstformen, Theater und Literatur, durch die Licht-Shows und Comic-Bilder ersetzt, weil — so die Hamburger Soziologen Jürgen Friedrichs und Fritz Haag in der Analyse für den 'Spiegel' — 'zwischen Leistungsanspruch und verbalen Fähigkeiten ein enger Zusammenhang besteht'.
Die Rock-Musik, vermuten Friedrichs und Haag, sei deshalb zum bevorzugten Kommunikationsmedium der leistungsmüden Mittelstandsjugend geworden, weil erstens der intensive Rhythmus den motorischen Grundbedürfnissen junger Menschen entspreche, weil zweitens Musik als sprachnächste Ausdrucksform wohl immer zuerst gewählt werde, wenn die Sprache selbst zurückgedrängt werden soll, und weil drittens Musik von allen sinnlichen Medien das breiteste Assoziations- und Phantasiespektrum habe. Dieses könnte erklären, warum sich die europäisch-amerikanische Bürgerjugend so vorbehaltlos mit einer auf ekstatische Totalerlebnisse gerichteten Musikkultur identifiziere — die allerdings von Musikindustrie und Massenmedien binnen kurzem als Norm und Mode propagiert wurde»[1].

Bleiben wir noch etwas beim Thema!

Wie schon ausgeführt, fühlten sich die Jugendlichen von der älteren Generation betrogen und allein gelassen; die Eltern lebten allzuoft in heuchlerischer Doppelmoral und strebten nur nach materiellem Luxus. Das hemmungslose Wohlstandsdenken nach dem Zweiten Weltkrieg führte zum Leistungsdruck; jeder wollte materiell das Maximum aus seiner Situation herauspressen und liess sich dabei von seiner Profitgier und der Konkurrenz an die Grenzen der Leistungsfähigkeit hetzen. Dabei wurden höhere Werte zertreten und die menschliche Gemeinschaft und das Familienleben kamen zu kurz.

Das ungehinderte Wirtschaftswachstum nach dem Zweiten Weltkrieg und die immer perfekter gesteuerte und vertechnisierte Umwelt nahmen den Jugendlichen die Möglichkeit, unberührtes Neuland zu betreten und Pionierarbeit zu leisten. Der junge Mensch musste und muss sich zuerst lange Jahre einer disziplinierten Ausbildung unterziehen und kann dann vielleicht ein neues Element zu etwas schon Bestehendem hinzufügen. Dabei war und ist er dem harten Konkurrenzkampf mit seinen Altersgenossen ausgesetzt, die sich auch einen Platz an der Sonne wünschten und wünschen.

Bald erkannten viele junge Leute, dass die Karriere und das Wirtschaftswachstum doch nur in eine kalte, sinnlose und von einem zerstörerischen Krieg bedrohte Welt hineinführen. Die Jugendlichen fühlten sich eingeengt, unterdrückt, betrogen und von der Generation der Eltern «verschaukelt». Sie hatten den Glauben an ein menschenwürdiges Leben in unserer westlichen Zivilisation verloren, weil sie Angst hatten und sich überfordert fühlten.

Darum wollten — und wollen sie auch heute noch — aus dieser Realität abhauen und in die Musik, in die Drogen oder in fanatische Religionsgemeinschaften flüchten. Dieser Wille, aus der bestehenden Gesellschaft auszubrechen, hatte in den sechziger Jahren noch offensive Stosskraft: Die Grundwerte der Gesellschaft wurden mit jugendlichem Radikalismus in Frage gestellt, und die ganze Generation sah in ihrer Euphorie ein neues Zeitalter anbrechen. Sie fühlte sich stark in der Gunst der Stunde. 1968 sollte das Jahr der Jugendrevolten werden.

Bei der Nachzeichnung dieser Entwicklung darf aber nicht übersehen werden, dass Missstände nicht jede Art der Reaktion rechtfertigen. Jeder Mensch ist verantwortlich für die

Art und Weise, wie er auf Missstände reagiert. Wer Gewalt mit Gewalt beantwortet und Lieblosigkeit mit Hass, handelt ja nicht besser als sein Gegenspieler. Der wohl folgenschwerste Irrtum der Jugendrevolution war die Ablehnung jeder menschlichen und göttlichen Autorität. Der Unzufriedene, der sich gegen jegliche Autorität und Repression auflehnt, und dabei die ältere Generation auf sehr autoritäre, repressive und ultimative Art erpressen will, befindet sich in einer tragischen Selbsttäuschung. Wohl hat die ältere Generation mit ihrer grösseren Verantwortung schlimme Fehler begangen, doch die Jugendlichen sind ebenfalls für ihr Handeln verantwortlich. Alles andere hiesse die Jugend nicht wirklich ernst nehmen.

Aus geistlicher und biblischer Sicht muss man hier noch folgendes beifügen: Seit der Aufklärung (Ende 17. und 18. Jahrhundert) wurde die christliche Lebenshaltung aus der Zeit der Reformation untergraben, der Schöpfergott der Bibel und die biblische Moral mehr und mehr in Frage gestellt: die Bibelkritik gewann immer grösseren Einfluss und trug zur Verwässerung christlicher Werte bei. Diese WURZELN EINER NACHCHRISTLICHEN KULTUR begannen also schon vor zwei bis drei Jahrhunderten zu wachsen und brachten nun nach dem Zweiten Weltkrieg ihre Früchte unter den Jugendlichen hervor.

Die jungen Leute verfügten wohl über mehr und mehr Luxus, doch gleichzeitig verloren ihre Eltern und sie selbst vollends den Umgang mit der Bibel, und damit die Quelle und Grundlage der Herzenskraft, der Charakterbildung, der geistigen und geistlichen Widerstandskraft, des Unterscheidungsvermögens und der moralischen Werte. Eine Musikkultur wie die des Rock und des Pop mit ihren gottlosen Werten und ihrer unchristlichen Lebenshaltung konnte darum in den sechziger Jahren fast ungehindert in das entstandene Vakuum eindringen und die Jugend in ihren Bann schlagen.

Da die Jugend die Bibel als Quelle der Lebensweisheit und als Anleitung für den Kampf gegen das Böse verloren hatte, war sie in den sechziger Jahren unfähig, die Probleme wirklich zu lösen: Die Jugendrevolution von 1968 scheiterte, und die Probleme sind geblieben, ja grösser geworden, wie die Unruhen von 1980 in verschiedenen Schweizerstädten und anderswo beweisen.

Während dieser ganzen Entwicklung wurde die Rock-Musik zum BANNER der Jugendbewegung. Sie riss die Jugend in der ganzen Welt zu Begeisterungsstürmen hin, denn damit konnte sie sich identifizieren; diese Musik drückte ihr eigenes Fühlen und Denken aus. Die Rock-Musik ist somit Ausdruck der Fragen, Proteste, Ängste und Sehnsüchte der jungen Menschen. Weil die Probleme seit 1968 ungelöst geblieben sind, dröhnt der Rock heute lauter, härter und kompromissloser denn je aus den Lautsprechern.

Die Rock-Musik ist darum auch heute noch ein KRANKHEITSSYMPTOM, das den ernsten Zustand der Welt anzeigt. Von dieser Krankheit sind alle Menschen angesteckt, durch und durch, jeder einzelne, der Biedermann genauso wie der Brandstifter. Wer kann da helfen? Das werden wir im Laufe unserer Auseinandersetzung mit der Rock-Musik und der christlichen Lebenshaltung herausfinden!

Für den bibelgläubigen Christen gilt es als erstes, diese Sprache, diesen Generationenkonflikt, diesen Protest, diesen Schrei der Verzweiflung und dieses Symptom zur Kenntnis zu nehmen und zu verstehen. Er sollte nie verständnislos und mit lieblosem Herzen die Gottlosigkeit seiner Zeit verurteilen, sondern einerseits dem Nichtchristen zuhören und seine Not mitfühlen und andererseits das Böse aufdecken und verurteilen. Der Christ darf keinen Menschen richten, aber die Wahrheit muss gesagt und Egoismus, Betrug und Falschheit — kurz, die Sünde — müssen ohne Heuchelei oder überhebliche Selbstgerechtigkeit beim Namen genannt werden. Verständnis und Mitgefühl sind grundlegend für die christliche Lebenshaltung, dürfen aber nie zum Kompromiss mit der Unwahrheit führen. Weiter ist es die Aufgabe der Christen, den offenen, rückhaltlos ehrlichen Dialog mit der Jugend und ihrer Kultur zu suchen. Das vorliegende Büchlein soll eben diesen Dialog vertiefen und sachlich bereichern.

Zum Schluss sei noch betont, dass der Leser sich nicht dazu verleiten lassen darf, die Rock-Kultur losgelöst von unserem ganzen Zeitalter zu betrachten. Sie ist nur ein Merkmal unserer desorientierten und von gottlosen Einflüssen beherrschten Welt. Im Bereich der etablierten Kultur, die verständnislos auf die Subkultur der Jugend hinuntersieht, aber auch in der Geschäftswelt und in politischen Kreisen könnte man grundsätzlich die gleichen Problemkreise aufdecken wie in der Rock-Kultur. Doch ist das hier nicht unsere Absicht.

Um das nötige Verständnis für die Rock-Welt zu finden, befassen wir uns im zweiten Kapitel zuerst mit einigen Grundbegriffen.

II. Was ist Rock- und Pop-Musik?

Über die Begriffe Rock- und Pop-Musik herrscht Verwirrung. Die einen sagen, man könne Pop-Musik gar nicht definieren[1], die andern weisen auf den verschiedenen Gebrauch des Begriffes Pop-Musik hin: *«Die englischsprachigen Länder tendieren dazu, zu der alten Bezeichnung 'rock' zurückzukehren»* und nur durch Zusammensetzungen wie «hard-rock», «soft-rock», «polit-rock» und «raga-rock» zu differenzieren; *«in Deutschland überwiegt der Ausdruck 'Pop-Musik'; die Vokabel 'Rock' ist dem Rock'n'Roll vorbehalten. So ist die Sprachverwirrung komplett, und es muss jedesmal neu definiert werden»*[2].

Tibor Kneif führt aus: *«Der Ausdruck Pop-Musik führt auch insofern irre, als man glauben könnte, er bezeichne eine Musik von durchweg hohem Verbreitungsgrad. Rock-Musik indessen ist keine allgemein akzeptierte und stets in grossem Umfang verbreitete Musik»*[3].
«Freilich steht dem Wortgebrauch 'Pop' nichts im Wege, wenn man damit einen Bereich innerhalb der Rock-Musik meint, dem eine gewisse Seichtigkeit, Glätte und Schlagernähe innewohnt. Der Begriff Pop-Rock bezeichnet heute dementsprechend eine ins Kitschige, billig Sentimentale abgleitende Richtung innerhalb der Rock-Musik. Die entsprechenden, von Zehn- bis Fünfzehnjährigen bevorzugten Gruppen heissen etwa Bay City Rollers, ABBA und Osmonds»[4].

«Gleichzeitig mit der Verbreitung des Wortes Rock'n'Roll hat sich der Begriff Rock, als eine Abkürzung des ersteren, schon um 1960 herausgebildet»[5]. Die Schwierigkeit, zwi-

schen Rock'n'Roll und Rock zu unterscheiden *«führt immer mehr zu der Gepflogenheit, 'Rock' im Sinne einer Gattung, 'Rock'n'Roll' dagegen im Sinne einer historischen Ausprägung zu gebrauchen»*[6].

In dieser zweiten Ausgabe unserer Schrift wird durchwegs der Begriff Rock-Musik im Sinne einer Musik-Gattung gebraucht, um Verwechslungen mit populärer Musik im weiteren Sinne zu vermeiden.

An dieser Stelle sind einige Begriffserklärungen aus dem Rock-Lexikon am Platz:

ROCK-MUSIK ist eine ekstatische Musik, die über einem regelmässig durchgeschlagenen Rhythmus Songsätze baut und vornehmlich zu elektrisch verstärkter Gitarrenbegleitung in extremen Stimmlagen mit gleitender Tongebung vorgetragen wird[7]. Diese einfache Definition wird natürlich nicht allen Erscheinungsformen der Rock-Musik gerecht.

Rock-Musik ist weiter eine Bezeichnung der Musikgattung der populären, *«aus der schwarzen Blues- und der weissen Country- und Western-Tradition abgeleiteten Musizierstile nach dem Rock'n'Roll (1954)»*[8].

POP-MUSIK ist eine Abkürzung für POPULÄRE MUSIK. Sie wird insbesondere im deutschsprachigen Europa für die seit dem Rock'n'Roll entstandenen Rock-Stile gebraucht und hat nichts mit dem Begriff «Pop-Art» (d.h. Pop-Kunst) aus der bildenden Kunst zu tun[9].

Die jugendlichen Musikkonsumenten verstehen unter Pop eine «progressive» Musik, die überwiegend stark die körperlichen Empfindungen und Bewegungen anregt — *«am reinsten wohl in den Kreationen des Jimi Hendrix verwirklicht»*[10].

Was bedeutet ROCK'N'ROLL? *«Der weisse Discjockey Alan Freed behauptet, er habe den Begriff, der im Negerslang ursprünglich Beischlaf bedeutete, 1951 in Cleveland, Ohio (USA), zum ersten Mal in musikalischem Zusammenhang gebraucht.»*

So wenig dies nachgeprüft werden kann, so sicher ist, dass Freed den Begriff und den Musikstil ab 1954 über zwei New-Yorker Radiostationen popularisierte. Die Textzeile «Rock, rock, rock everybody, roll, roll, roll everybody» wurde von Freed als Signet seiner Sendung benutzt und von der Jugend des ganzen Landes befolgt. Die Verschmelzung von weisser amerikanischer Country- und schwarzer Bluesmusik löste die grösste musikalische Revolution des 20. Jahrhunderts aus[11].

Der Ausdruck BLUES *«wird in zwei verschiedenen Bedeutungen gebraucht: 1. als Bezeichnung für die weltliche Musikfolklore der amerikanischen Schwarzen (im Gegensatz zu den religiösen Musikformen Spiritual und Gospel-Song); 2. für eine zwölftaktige musikalische Form,... die einem Grossteil von Jazz- und Rockstücken zugrunde liegt»*[12].

COUNTRY & WESTERN bezeichnet *«Amerikas ländliche Pop-Musik, die hauptsächlich in den hochmodernen Schallplattenstudios von Nashville, Tennessee (USA) hergestellt wird»*[13].

Der JAZZ ist eine eigenständige Musizierform aus Nordamerika, vor allem in New Orleans von Schwarzen geschaffen. Er entstand vor der Wende zum 20. Jahrhundert und erreichte seit 1917 zunehmende Popularität. Elemente schwarzer und europäischer Musik sind darin vereint[14].

RHYTHM & BLUES ist *«die grossstädtische, zumeist von Bläsern (...) begleitete Pop-Musik der schwarzen Ghettos in den vierziger und fünfziger Jahren»*[15].

Die ROCK-KULTUR ist die Gesamtheit der geistigen und künstlerischen Lebensäusserungen der neuen Generation der sechziger und siebziger Jahre im Zusammenhang mit der Rock-Musik. Sie ist eng verbunden mit der Gegen- oder Sub-Kultur der jungen Generation[16].

Wie schon der Jazz, ist auch der Rock ein Produkt der Übernahme und Verschmelzung fremder Kulturgüter: Afrikanische und europäische Musiktraditionen und Verhaltensweisen, die sich in den USA (abgewandelt) erhalten hatten, wurden im Rock'n'Roll und allen nachfolgenden Stilformen der Populärmusik abermals vermischt und verschmolzen[17]. Die geschichtlichen und stilistischen Einflüsse auf die Rock-Musik können so dargestellt werden[18]:

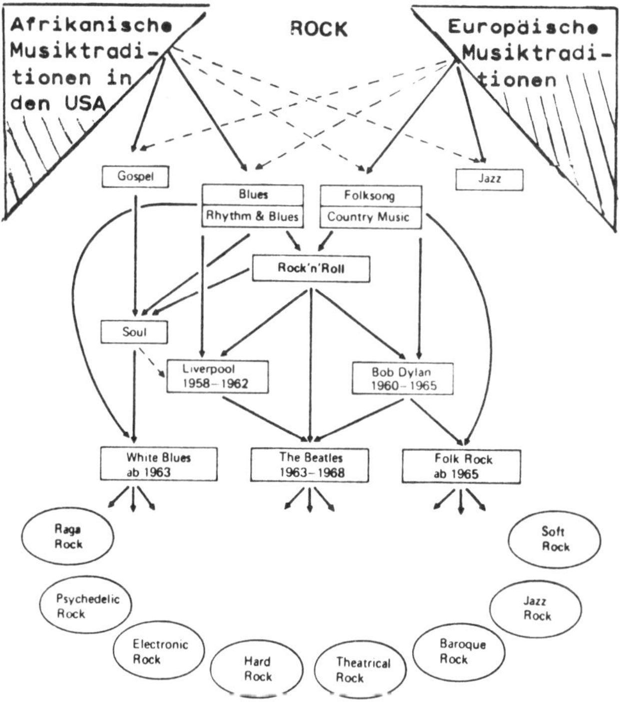

III. Die Rock-Welt der sechziger Jahre

Wer sind die Begründer und grössten Stars der Rock-Musik?
Welches sind die Merkmale dieser Musikwelt?

Im vorangehenden Kapitel haben wir die wichtigsten Begriffe aus der Geschichte der Rock-Musik erklärt, nun stellen wir vier TESTFRAGEN:

— Kann man nach christlichen Grundsätzen leben und die Rock-Kultur bejahen — oder muss man sie ganz oder teilweise ablehnen?
— Könnte ein treuer und gehorsamer Christ den Lebensstil der Rock-Musiker übernehmen?
— Kann ein treuer Christ die grossen Rock-Musiker zum Vorbild nehmen und Jesus Christus und ihnen zugleich nacheifern?
— Könnte ein bibelgläubiger Christ eine Rockband gründen und leiten und die gleiche Musik schreiben und spielen?

Um diese Fragen zu beantworten, wollen wir das Leben und die Arbeit einiger der Begründer und grossen Stars der Rock-Musik etwas näher betrachten.

WEIL die Rock-Musik seit etwa zwanzig Jahren einen gewaltigen Einfluss auf die Jugend ausübt,
WEIL sie im Klima der Hippiegeneration und der Gegenkultur der sechziger Jahre zur Blüte kam (wobei wir nicht vergessen wollen, dass die jungen Leute der sechziger Jahre heute Berufsleute, Lehrer, Anwälte, Väter und Mütter sind),
WEIL sie heute noch die beliebteste und einflussreichste Musik der jungen Generation ist,

WEIL eine ganze Industrie mit riesigen finanziellen Gewinnen dahinter steckt - kurz,
WEIL sie die grösste musikalische Revolution des 20. Jahrhunderts ist, wollen wir einen Einblick in diese Musikwelt tun, um sie nachher im Lichte von entsprechenden biblischen Aussagen einzuschätzen.

Die Rock-Musik war die auffälligste Erscheinung in der populären Musik der sechziger Jahre, aber sie muss im grossen Zusammenhang der ganzen Rock-Kultur gesehen werden. Dabei fallen einige negative Merkmale auf.

Ich möchte diese Merkmale in neun Punkten aufzählen:

1. Streben nach Ruhm
2. Geld- und Industrie-Interessen
3. Macht und Manipulation
4. Drogen- und Alkoholsüchtigkeit, ausschweifendes Sexualleben
5. Einflüsse des Ostens
6. Okkultismus
7. Rebellion und Zerstörungswut
8. Chaotische Mammutkonzerte
9. Egoistische «Nimm-Mentalität»

Diese Merkmale sind natürlich nicht ausschliesslich Erscheinungen der Rock-Welt, sondern (ausser Punkt 8) überhaupt der Welt und unserer nachchristlichen Kultur.

Sie kennzeichnen nicht etwa nur das Privatleben der Stars, denn die Komposition, die Auftritte und das Privatleben dieser Musiker bilden oft eine untrennbare Einheit.

Zum besseren Verständnis möchten wir folgende bekannte Rock-Musiker oder Bands kurz betrachten (wir stützen uns dabei auf die zuverlässigen Angaben des Rock-Lexikons[1]).

Elvis Presley (1935-1977)
Die Beatles
Bob Dylan (vor 1979)
Janis Joplin (1943-1970)
Jimi Hendrix (1942-1970)
Die Rolling Stones
Alice Cooper
Black Sabbath
Reed Lou

Neun charakteristische Merkmale der Rock-Welt

1. Streben nach Ruhm

ELVIS PRESLEY *«verkörperte... den Mythos des Rockers par excellence — mit Aggressivität, grobschlächtiger Sinnlichkeit und der Schwermut des Aussenseiters. Aus dem Bodensatz der Gesellschaft schwang sich der 'Anwalt der unterdrückten Teenager-Sehnsüchte' (Franz Schöler)... zum Multimillionär auf, der beinahe jede Honorarsumme für seine Darbietungen fordern kann. Bis 1975 hatte Presley rund 300 Millionen LPs und Singles (Schallplatten) abgesetzt.»* Bei seinem Comeback 1970 wohnten die Anhänger seinen Auftritten wie Ritualen bei.

«Entscheidend für die Massen-Suggestion war nicht mehr die Qualität seiner Aufführung, sondern allein seine Gegenwart. Diese Masslosigkeit in der Vorführung eines Idols wurde am beklemmendsten deutlich, als Parker einer Vierfach-Kassette mit alten Presley-Hits angeblich Stoffteile von Elvis' Bühnengarderobe beilegen liess, die die Käufer wohl wie Reliquien verwahren sollten»[2]. Die buchstäbliche Vergötterung dieses Stars ist um so offensichtlicher, als seit seinem Tod wahre Menschenmassen zu seinem Grab pilgern.

DIE BEATLES *«waren beinahe ein Jahrzehnt lang die stärkste schöpferische Kraft der modernen Populärkultur» (Times).*

John Lennon, einer der vier Beatles, erklärte 1966, *«die Beatles seien nun populärer als Jesus»*.

1967 suchten sie *«auf religiösen Trips nach Indien Befreiung von ihren Drogenproblemen und Beratung bei der Bewältigung ihrer Ruhm-Komplexe»*[3].

Von JIMI HENDRIX lesen wir folgendes: *«Das Superstardasein jedoch konnte er nur schwer verkraften»*[4].

2. Geld- und Industrie-Interessen

Von ELVIS PRESLEY haben wir schon gehört, dass er Multimillionär wurde.

DIE BEATLES setzten bis 1973 215 Millionen Schallplatten ab! Ihr Erfolg *«regte verschiedene Industriezweige an: Die Plattenfirmen verzeichneten erhebliche Profitsteigerungen...; der Verkauf von Gitarren und Verstärkeranlagen vervielfachte sich; das Diskothekengewerbe erlebte einen Boom; zahlreiche Moderichtungen weckten bei kaufkräftigen Teenagern erfolgreich Bedürfnisse»*[5].

DIE ROLLING STONES *«waren die 'bad boys' (schwarze Schafe) der Rock-Musik und zugleich deren Inkarnation: schlicht die perfekteste Rockband der Welt. Trotz der Multimillionen-Umsätze ihrer Platten (geschätzt auf 400 Millionen Mark), trotz ihrer Luxusvillen, Schlösser, Landhäuser und Wagenparks haben sie sich... das Rebellen-Image bewahren können»*[6]. Sie kassierten auf ihrer USA-Tournee 1969 4,1 Millionen Mark Gage und siedelten sich aus Steuergründen in Südfrankreich an.

«Auf seinen USA-Tourneen kassierte JIMI HENDRIX, *dessen monotoner Sprechgesang nur schwer verständlich war, bis zu 100000 Dollar für ein Konzert»*[7].

3. Macht und Manipulation

Die Verschmelzung raffinierter Musik mit gekonntem Management und der entsprechenden Industrie gibt diesen Musikern ein Machtmittel in die Hände, mit dem sie ganze Massen von Jugendlichen manipulieren können. Der «Tages Anzeiger», Zürich, schrieb am 1. Februar 1978 einen Artikel mit dem Titel: «*Bay City Rollers* und *Sweet* manipulieren Kinder». Der Autor weist auf das neue Pop-Publikum hin, das aus neun- bis vierzehnjährigen Kindern besteht, die sich völlig kritiklos manipulieren lassen. Die Jugendzeitschrift «Pop» sorgt für Publizität. Den Kindern wird eingeredet, die Stars seien wirklich ihre persönlichen Freunde. Die zugeschickten Autogramme sind aber nicht von Hand geschrieben, sondern nur täuschend ähnlich gedruckt, und die Antwortbriefe erwecken den Eindruck, als seien sie tatsächlich vom Star höchstpersönlich für den Fan geschrieben worden. Beim Konzert der Bay City Rollers in Winterthur erregten sich hundert Mädchen bis zur Erschöpfung; dabei sind die Musiker eiskalte Rechner und Verführer.

Der Rock-Musiker LOU REED erklärt: «*Was ich dem Publikum gebe, damit es in Fahrt kommt, ... ist die Erfahrung all der Trips, die ich mitgemacht habe... Ich möchte, dass die Leute in eine andere Welt abfahren, in die sie normalerweise nicht reinkämen... Wenn die Leute von einem meiner Auftritte nach Hause gehen, möchte ich, dass sie nicht mehr dieselben sind*»[8].

4. Drogen- und Alkoholsüchtigkeit, ausschweifendes Sexualleben

JANIS JOPLIN (1943-1970) «*hielt sich stets an die Devise eines ihrer Songs: 'Get It While You Can' ('Nimm, solange du was kriegen kannst'), oder mit ihren eigenen Worten: 'Berausch dich, sei fröhlich und fühl dich wohl'. Ihr Leben war eine überspannte Jagd zwischen Bühne, Bett und Bourbon-Whisky, den sie zeitweise bis zu einem Liter täglich konsumierte. Sie war die Verkörperung der Beatnik-Philosophie 'Live fast, love hard, die young' ('Lebe intensiv, liebe heftig, stirb jung')*»... Sie etablierte «*sich als Leitbild der Hippiegeneration und als unbestrittene Königin der Rock-Musik*».

«*Obwohl sie stets verkündet hatte: 'Wer Drogen nimmt, muss verrückt sein, wenn er sich doch mit Southern-Comfort-Whisky besaufen kann', wurde sie am 4. Oktober 1970 heroinvergiftet mit 14 Einstichen im linken Unterarm in einem Motelzimmer gefunden*»[9].

Wie schon oben erwähnt, suchten die BEATLES 1967 in Indien die Lösung für ihre Drogenprobleme.

DIE ROLLING STONES setzten «*sich mit ihren Sex- und Drogenausschweifungen konsequent über bürgerliche Moralvorstellungen*» hinweg und galten daher «*als schmutzige, böse, aggressive Exponenten einer neuen proletarischen Musik*».

Auf einer Platte schildern sie die letzten Minuten eines sterbenden Drogensüchtigen, und auf einer andern singen sie das Lied der Spieler, Komödianten, Trunkenbolde und Prostituierten, *«voller Aggression, Obszönität und Poesie»*[10].

Die Männerband ALICE COOPER mit ihrem typisch amerikanischen Frauennamen wollte die Schockeinsicht vermitteln, dass, *«biologisch gesehen, jeder weibliche und männliche Anlagen in sich trägt» (Alice). «Die Verdrängung dieser latenten Bisexualität und die daraus resultierende Gewalttätigkeit wollten die Coopers mit einer aggressiven, homoerotischen Sado-Maso-Show dokumentieren.» «Wir sind die amerikanische Band schlechthin», behauptete Alice. «Wir sind das Endprodukt einer Überflussgesellschaft. Es macht uns Spass, auf die Bühne zu gehen und der Öffentlichkeit zu zeigen, wie weit es mit ihrer Welt gekommen ist.» Sie verwirrten «ihr Publikum zunächst mit Make-up verschmierten Gesichtern, weiblichem Gehabe und gleichgeschlechtlichen Anspielungen»*[11].

JIMI HENDRIX demolierte 1968 unter Alkohol das Mobiliar eines Hotelzimmers und wurde danach masslos in seinen Ansprüchen sowie in seinem Rauschmittel- und Groupie[12] Verbrauch. Er erstickte nach Alkoholgenuss und der Einnahme von Schlaftabletten an seinem Erbrochenen. *«Von der Musikindustrie wurde der Hendrix-Mythos... skrupellos vermarktet»*[13].

BOB DYLAN war in den sechziger Jahren *«der schlechthin vollendete Rock-Solointerpret — in seinem Einfluss auf die Entwicklung dieser Musik nur mit den Beatles vergleichbar. Mehrmals hat er mit einer künstlerischen Kraft ohnegleichen... Pop-Musik-Trends ausgelöst, die sich binnen kurzem als die dominierenden erwiesen.»*

In einigen seiner Stücke spiegelt sich in *«dunklen, vieldeutigen Versen der durch Rauschmittel wie LSD und Marihuana bewirkte Aufbruch der Rock-Jugend in die eigene Psyche»*[14].

Im «Tages-Anzeiger-Magazin» (Zürich) vom 25. November 1978 lesen wir in einer längeren Reportage über Bob Dylan, dass er seine grosse Produktivität von 1965 bis 66 nur mit

Hilfe von stimulierenden Drogen aufrechterhalten konnte. Auf die Entwicklung Bob Dylans seit 1979 wird im neunten Kapitel eingegangen.

Der Drogenkonsum ist so stark mit der Rock-Welt verbunden, dass eine Zeitlang der ACID-ROCK (Säure- oder Drogen-Rock) gespielt wurde. Der Acid-Rock, auch psychedelischer Rock genannt, ist eine *«Bezeichnung für eine vor allem 1966/67 gespielte, zumeist überlaut verstärkte Musik, die durch akustische Einwirkung Halluzinationen wie unter LSD erzeugen soll, in den Song-Texten (vielfach verschlüsselt) LSD-Trips beschreibt und oft unter Rauschmitteleinfluss gespielt wird»*[15].

5. Einflüsse des Ostens

«In der Meditationsphase der Hippies, unter dem Einfluss indischer Gurus, begann in zahlreichen Pop-Musik-Studios das uralte indische Saiteninstrument Sitar zu sirren und zu schwirren; Titel der Klangmode: Raga-Rock»[16].

Was ist Raga? *«Die über zweitausend Jahre alte klassische Musik Indiens gehört zu den ältesten und hochentwickeltsten Musikkulturen der Welt. Sie kennt weder Harmonik noch Modulation wie die europäische, sondern ist reiner Klang, reine Melodie über einem abenteuerlich schwierigen Rhythmus. 72 Skalen (oder 'Melas') lassen sich zu insgesamt 64848 theoretisch möglichen Ragas kombinieren, deren jede eine ganz bestimmte Stimmung und Bedeutung hat»*[17].

«Unter dem Eindruck der meditativen Musik des Ragakünstlers Ravi Shankar spielte der Beatle George Harrison im Stück 'Norwegian Wood' 1965 zum ersten Mal die Sitar. In seinem Gefolge übernahmen zahlreiche Rock-Gitarristen das indische Instrument, um ihre Platten mit dem sirrenden, schwirrenden Klang zu bereichern. Mehr als eine neuartige Farbnuance erbrachte der RAGA-ROCK jedoch nicht»[18].

DIE BEATLES *«suchten auf religiösen Trips nach Indien Befreiung von ihren Drogenproblemen und Beratung bei der Bewältigung ihrer Ruhm-Komplexe»*[19].

Rabi R. Maharaj schildert in seinem Buch *«Der Tod eines Guru»*, wie er erkannte, dass etliche Süchtige mit der Droge genau dasselbe erlebten, wie er durch Yoga und Meditation.

Eines Tages besuchte er einen Bekannten, bei dem *lauter Rock* aus dem Verstärker tönte und das Zimmer in *psychedelisches Licht* getaucht war. Sein Freund Pat sass mitten auf dem Boden und vollzog auf seinem Trip mit Körper und Armen die gleichen Bewegungen wie die Tempeltänzerinnen der Hindus. Pat interessierte sich durch seine Drogenerfahrungen sehr stark für den Hinduismus.

Es wurde R. Maharaj klar, *«dass der Drogenkult, die Meditation, die freie Liebe und die Auflehnung der Jugend in der Hippiebewegung zur selben satanischen Strategie gehören»*. Am meisten entsetzte ihn aber die Entdeckung, *«dass die ganze Philosophie dieser Gegenkultur grundsätzlich hinduistisch war: Die gleichen Lügen von der Einheit allen Lebens, der Vegetarismus, die Auffassung der stetigen Aufwärtsentwicklung bis zum Einssein mit dem Universum und die Behauptung, dass jeder seinen Weg finden müsse. Viele junge Menschen flüchteten nicht nur in den Drogenrausch, sondern übten auch Transzendentale Meditation und die verschiedenen Arten von Yoga. Ihre ganze Denkweise wurde durch östlichen Mystizismus umnebelt. Fast alle begannen an Reinkarnation zu glauben, was den Glauben an die Auferstehung Christi ausschloss: denn die beiden sind unvereinbar»*[20].

6. Okkultismus

OKKULTISMUS heisst wörtlich «Geheimwissenschaft»; es ist eine Sammelbezeichnung für alle Lehren und Praktiken, die sich mit der Wahrnehmung übersinnlicher Kräfte beschäftigen (Telepathie, Hellsehen, Materialisation) und entsprechend veranlagten Medien zugänglich werden können.

Die PARAPSYCHOLOGIE versucht okkulte Probleme zu erforschen. Ein Medium ist die Person, die im Okkultismus bei spiritistischen Sitzungen mit Geistern in Verbindung tritt.

Als Einleitung führen wir zwei aufschlussreiche Zitate an:

Rockmusik und Magie

«Musik und Magie waren in allen Kulturen von jeher enge Nachbarn. Musik, die ja nicht primär den Verstand, sondern vor allem emotionale Sphären im Menschen anspricht, die bis ins Unterbewusstsein reichen, scheint eines jener Schlüssellöcher zu sein, durch die man Bruchstücke einer anderen Wirklichkeit, auch in sich selbst, erspähen kann. Elektronischen Komponisten wie Karlheinz Stockhausen sind diese Zusammenhänge längst bewusst. Besonders aber in der Rockmusik wird im westlichen Kulturkreis Magie erlebt und gemacht. Vom Blues an, etwa in Stücken wie 'Got My Mojo Working' oder 'Hoochie Coochie Man' von Muddy Waters, die um Voodoo-Symbole kreisen, bis hin zu so aktuellen Gruppen wie 'Can' und 'Led Zeppelin' wird auf der Bühne Beschwörung geübt und musikalisch-psychologisch gezaubert»[21].

«Der entscheidende Faktor für jede erfolgreiche Rockband ist Energie: die Fähigkeit, Energie auszusenden, Energie vom Publikum zu empfangen und sie wieder zurückzugeben. Ein Rock-Konzert ist in Wirklichkeit nichts anderes als ein Ritual, bei dem psychische Kraft freigesetzt und umgesetzt wird. Konzerte von LED ZEPPELIN beruhen im wesentlichen auf Lautstärke, Wiederholung und Rhythmus. Sie haben viel Ähnlichkeit mit der Trance-Musik Marokkos, die in ihrem Ursprung und Zweck magischen Charakters ist. Die Panflöten-Spieler von Joujouka sind zugleich Zauberer, die üble Dämonen austreiben. Aber schliesslich ist jede Kunst — Musik, Malerei oder Literatur — ursprünglich Beschwörung und Magie, und jegliche Magie wird dazu benutzt, bestimmte Ziele zu erreichen. Im LED ZEPPELIN-Konzert ist das Ziel Energie bei den Spielern und beim Publikum. Um das zu erlangen, muss man die Quellen magischer Kraft anzapfen, so gefährlich das auch sein mag»[22]. *Jimmy Page*

Von den ROLLING STONES lesen wir folgendes: *«Ein plastisches Flimmerband der fünf Musiker im Märchengewand dekorierte 1967 ihr erstes psychedelisches*[23] *Plattenalbum 'Their Satanic Majesties Request' (Der Wunsch der satanischen Majestäten).»* Darin offenbarte sich *«ein phantasti-*

sches Pop-Universum zwischen Ganges und Galaxis, durch das Strawinski, Bach und Stockhausen geisterten, in dem es elektronisch zwitscherte, blubberte und schwirrte, in dem Lachen und Schnarchen widerhallte und die satanischen Majestäten den LSD-frommen Choral anstimmten: 'Warum singen wir nicht alle zusammen und warten, bis die Bilder kommen?' Ein Song trug den Titel '2000 Lichtjahre von zu Hause', ein anderer verkündete: 'Mein Name ist nur eine Nummer, ein Stückchen auf einem Plastikstreifen'»[24].

«Für die Platte 'Beggars Banquet' (Das Bankett der Bettler), auf der Jagger die Liebeskünste eines 15jährigen Mädchens pries, um 'Mitleid mit dem Teufel' warb und 'jeden Polizisten einen Verbrecher' nannte, reichte die Gruppe der Plattenfirma Decca ein Bild für die Plattenhülle ein, das eine verschmutzte Toilette mit ordinären Slang-Ausdrücken zeigte. Als die Firma den Entwurf ablehnte, gingen die Stones vor Gericht und trennten sich schliesslich... von Decca»[25].

Die Gruppe BLACK SABBATH (Schwarzer Sabbat) *«verschwor sich 1969 in Birmingham dem totalen Rock und taufte sich nach einem Horrorfilm mit Boris Karloff»*. Die vier Musiker *«ergingen sich zunächst in okkulten Bühnen-Ritualen und prahlten von ihren gewalttätigen Kinderspielen in den Arbeitervierteln Birminghams, bis sie sich... volkstümlich gemacht hatten. Ihr Erfolg beim minderjährigen Publikum stand im umgekehrten Verhältnis zur Wertschätzung der Kritiker. Der zähflüssige Lava-Sound mit einer aufregend jammernden Solostimme transportierte gesellschaftliche Schocktexte vom Kaliber 'Nimm dir ein Leben, es wird billig; töte jemand, niemand wird weinen. Die Freiheit ist dein, tu nur deine Pflicht, wir wollen bloss deine Seele' (Cornucopia). Diese begeisterten die Jugendlichen Amerikas so sehr, dass die Band dort pausenlos auf Tournee war und ständig Goldalben kassierte. Erst nachdem einige Spieler bei Konzerten vor Erschöpfung zusammengebrochen waren, gab die Band ihre hektischen US-Reisen auf. Osbourne (ein Musiker der Band) begründete es anders: 'Amerika ist das satanischste Land der Welt. Für Dollars machen die Yankees alles. Die Leute (mit ihrer Rauschmittelgier) sind fast wie lebendige Alpträume. Ich wundere mich, dass die Hälfte von ihnen nicht mit einem Sarg ins Konzert kommt'»*[26].

Werfen wir noch einen Blick auf die okkulte Tätigkeit in den siebziger Jahren! Pierre Granini berichtet in seinem Artikel *«Es ist gefährlich, die Geister zu verwirren. Das magische Weltbild der CAN»*, von der okkulten Tätigkeit der deutschen Rock-Gruppe «CAN»:

«Spätestens seit dem Album 'Tago Mago' (1971) haben einfühlsame Zuhörer bei besonders inspirierten Auftritten der Band CAN eine Aura des Ungewöhnlichen, ja des Unwirklichen registriert. Die beinahe schon gespenstische Übereinstimmung der Musiker bei der Improvisation liess den Eindruck aufkommen, jeder wisse immer schon im voraus, was die anderen im nächsten Moment spielen. Traumhafte Rauschklänge schienen direkt dem Unterbewusstsein zu entspringen, aber wie wurden sie zwischen den Spielern derart perfekt synchronisiert? Die Sicherheit, mit der sie Teile des Publikums in Trance versetzen konnten, ging weit über das von anderen Rockbands Gewohnte hinaus. Dazu wurde im engeren Umkreis der CAN von seltsamen Psi-Erlebnissen gemunkelt, und immer häufiger erschien in Rezensionen das Wort Telepathie. Irgendwann musste das Thema Magie bei CAN also auch öffentlich zur Sprache kommen»[27].

«Aber auch auf den Schallplatten selbst finden sich genügend Türen in mystische Gefilde. Die Silbe 'Aumgn', die Irmin auf der LP 'Tago Mago' singt, ist von einer Beschwörungsformel des englischen Magiers Aleister Crowley abgeleitet. Sie entspricht in ihrer Funktion hier einem buddhistischen Mantra: Vehikel für die Meditation. In vielen Stücken — etwa bei 'Unfinished' auf der LP 'Landed', am Schluss von 'Cutaway' auf der 'Unlimited Edition' oder im Titeltrack von 'Flow Motion' — gibt es dämonisch oder koboldhaft klingende Passagen, die von sensitiven Hörern und von den Musikerh selbst als 'Zauberstücke' empfunden werden. Sie vermitteln das Gefühl, als seien die Spieler hier zu einem komplexen, aber einheitlichen Energiefeld zusammengekoppelt»[28].

Die beiden CAN-Musiker Jaki Liebezeit und Michael Karoli sind die astrologischen Experten in der Band[29].

Jaki sagt *«über die Berührungspunkte von Astrologie und Musik: 'Beides hat mit Wellen, Schwingungen und Rhythmen zu tun. Die Sterne laufen auf Bahnen und erzeugen im Zueinander und Voneinander rhythmische Spannungsfelder'.»*

«Jakis Kontaktinstrument zu solchen Feldern und Sphären ist sein Schlagzeug, mit dem er auch Klangwellen weit unterhalb der Hörgrenze auszusenden versucht: 'Solche Klänge und Rhythmen, die man nicht hört, aber durch die Antennen des Unterbewusstseins aufnimmt, schaffen einen beinahe schlafwandlerischen Kontakt zwischen Spielern und Hörern sowie zwischen den Spielern untereinander.' Dass die Trommel in verschiedenen alten afrikanischen Kosmologien als das Instrument gilt, mit dem die Welt erschaffen wurde, ist Jaki und CAN wohl bewusst»[30].

Festzuhalten bleibt, dass es sich bei den CAN-Musikern *«offenbar um medial begabte Menschen handelt, die infolge jahrelanger Sensibilisierung für Phänomene empfänglich sind oder diese sogar auslösen können, die anderen Personen verborgen bleiben. Als Irmin im Oktober 1975 die Pariser Wahrsagerin Madame LeBeau besuchte und um Rat bat, waren ihre ersten Worte nach Berührung seiner Hände: 'Aha, selber ein Medium!'»*[31].

«Alle vier Musiker sind davon überzeugt, dass das Wissen um solche paranormalen Erfahrungen und Kommunikationsmöglichkeiten verbreitet werden sollte. Und sie selbst, als Musiker ohnehin den Magiern nahe verwandt, versuchen zielstrebig, ihre Fähigkeiten zu entwickeln und irgendwann einmal auch kontrollieren zu können. Immer wieder weisen sie aber auch auf die Gefahren des leichtsinnigen und unbedachten Eindringens in diese Gefilde hin. Irmin hat es durch fortgesetztes autogenes Training geschafft, seinen Herzschlag bei der Meditation extrem verlangsamen zu können. Er beschreibt dieses als eine Erfahrung höchster körperlicher Leichtigkeit. Irgendwann kam ihm dabei der verlockende

Gedanke, so nahe am Nirvana das Herz einmal ganz anzuhalten. In diesem Augenblick rebellierte sein Körper: Er erlitt einen schweren und schmerzhaften Herzanfall»[32].

Siegfried Schmidt-Joos geht in seinem Artikel *«Sympathy For The Devil, Aleister Crowley, Kenneth Anger und die Folgen»*[33] auf die Zusammenhänge zwischen Rock und Magie ein. Jimmy Page, der virtuose Gitarrist der LED ZEPPELIN, und mehr noch Kenneth Anger sind die derzeit wohl prominentesten Anhänger und Fortführer der Lehren des berühmten englischen Magiers und Satanisten Aleister Crowley (1875-1947), dessen «Magic» (Magie) in Rock-Zirkeln eine nicht unbeträchtliche Rolle spielt[34].

Aleister Crowley stammte aus gläubigem Hause. Er hielt sich später für das grosse Tier 666 der Johannesoffenbarung oder für Baphomet und will 1896 in Stockholm eine «Berufung» erlebt haben, wonach er der Antichrist und der Teufel sei. Crowley gründete zuerst auf Sizilien (bis 1923), später in England die «Abtei Thelema». Hauptgesetz ist: «TUE, WAS DU WILLST». In dem von Crowley geschaffenen «Ecclesiae Gnosticae Catholicae Canon Missae» wird der Glaube an das CHAOS, an die ERDE, an BABYLON (Zentrum und Symbol der widergöttlichen Weltmacht) und an Baphomet bekannt. (Baphomet: angeblich ein geheimes Symbol der Tempelherren, das sie bei der Aufnahme in den Orden verehrt und geküsst haben sollen; anscheinend die Nachahmung eines Menschenhauptes aus edlen Steinen.)

Auch die STONES wurden zur Zeit von *«Sympathy for the Devil»* (Sympathie für den Teufel) durch Kenneth Anger in die Geisterwelt Aleister Crowleys eingeführt[35].

Durch Jack Parson hatte Ron Hubbard Kontakt mit Crowleys Lehren. Hubbard ist der spätere Gründer der Sekte *«Scientology»*, die von Jazz- und Rock-Musikern wie Chick Corea begünstigt wird[36]. Kenneth Anger suchte für seinen Film *«Lucifer Rising»* («Luzifers Aufgang») einen Darsteller für die Luziferrolle. ROLLING-STONES-Chef MICK JAGGER war einmal dafür ausersehen, zog sich aber nach dem Mord-Desaster des Altamont Festivals ein für allemal zurück:

«Mick Jagger jedenfalls fühlte sich von diesem praktizierten Satanismus derart betroffen, dass er die Kontakte zu Kenneth Anger und die Mitwirkung an dessen Film sofort abbrach. 'Er hatte zuvor', kommentiert Anger, 'die ganze Magie wohl bloss als Spiel verstanden, aber nun wurde es auf eine Art Wirklichkeit, die die Gruppe zerstören konnte. Zwei oder drei Altamonts hätten die STONES nicht überstanden. Er hatte den Film als einen Jux aufgefasst, und nun war er plötzlich zu sehr darin verwickelt, um es noch vergnüglich zu finden'» [37].

Jimmy Page arbeitete ebenfalls für Anger: *«LED ZEPPELIN Jimmy Page, der nebenbei eine okkulte Buchhandlung betreibt, hatte sein Talent derweil in den Dienst an Kenneth Angers Film gestellt. Im 'Space Capsule'-Studio in seinem Haus in Sussex komponierte und produzierte er am Synthetizer wesentliche Teile eines neuen Soundtracks zu 'Lucifer Rising'; eine Rohfassung von Bild und Ton führte er Anfang 1975 in Los Angeles vor»* [38]. 1976 kam es jedoch zum Bruch zwischen Page und Anger.

Ein Jugendmagazin berichtet von der Platte *«Highway to Hell»* («Hauptstrasse zur Hölle») der australischen Hard-Rock-Gruppe AC/DC: *«Wieder so ein merkwürdiger Zufall. Die LP 'Highway to Hell' der Gruppe 'AC/DC' wurde in der Bundesrepublik Deutschland bis jetzt 230000 mal gekauft. Anfang des Jahres dann eine erfolgreiche Tournee. Alle feiern den grossen Durchbruch — da stirbt 'AC/DC'-Sänger Bon Scott»* (Alkoholvergiftung war die Todesursache).
Erinnerungen an den Tod von Jim Morrison ('Doors') werden wach. An dem Tag, als seine Single 'Riders on the Storm' in den USA veröffentlicht wurde, starb er auf einer Tournee in Paris. 'Der Killer ist schon unterwegs' singt Jim Morrison in einer Textzeile seiner letzten Single. Vorahnung?
'I'm on the highway to hell, I'm on the highway to hell' (Ich bin auf dem Weg in die Hölle) — wie oft mag Bon Scott das in den letzten Monaten gesungen bzw. geschrien haben? Das Cover der gleichnamigen LP protzt mit den Hörnern, die man von Satans-Abbildungen her kennt. 'Zufall' sagen wir immer dann, wenn wir nicht mehr weiterdenken wollen.

Meiner Meinung nach zeigt Bon Scott's Tod einmal mehr: Der Teufel, die Hölle ist kein Spielzeug. Je bedenkenloser ich damit umgehe, desto schneller werde ich zum Spielball dieser Wirklichkeiten...» [39]. *Hans-Jürgen Trabert*

Bei einem AC/DC-Konzert im Zürcher Hallenstadion senkte sich eine 1,5 Tonnen schwere Glocke von der Decke hinab, auf der «AC/DC» und «Hells Bell» («Glocke der Hölle») stand, wenn meine Entzifferung der Foto stimmt. Nach dem Konzert mit der Irrsinns-Show des Gitarristen Angus Young wurde dieser gefragt: *«'Woher kriegst du deine Energie?' Antwort: 'Von dort oben (zeigt nach oben)'. Frage: 'Von dort oben?' Antwort: 'Entweder von dort oben oder dort unten. Wahrscheinlich von dort unten. Dort oben gibt's keinen Rock'n'Roll'.»*

Der Journalist fügt trocken bei: *«Tröstend zu wissen, dass wir jetzt in den Besitz der Erklärung zum LP-Titel 'Highway To Hell' sind»* [40].

7. Rebellion und Zerstörungswut

JIMI HENDRIX liebte seine Gitarre über alles: *«Er riss die Saiten mit den Zähnen an, misshandelte sie mit den Ellbogen, fuhr mit der Zunge über den Steg und entfesselte damit ein 100-Phon-Inferno von hochdifferenzierten Jaul-, Splitter- und Überlagerungsklängen.*
Manchmal zertrümmerte er das Instrument an einer Lautsprecherbox, trampelte darauf herum oder steckte es... in Brand. In seiner Musik und in seiner Bühnenshow entdeckten Kritiker 'Obszönität' (US-Frauenvereine), 'religiöse Obertöne' (ein Pfarrer aus Cleveland), aber auch 'den Zorn und die Gewalttätigkeit einer ganzen Generation' ('The Observer')» [41].

Die Band ALICE COOPER behalf sich mit folgenden Mitteln: *«Mit einem elektrischen Stuhl, einer Guillotine, Floretts und Klappmessern, einer lebendigen Boa constrictor, Rauchbomben, explodierenden Bettfederkissen sowie makaberen Femeritualen, narzisstischen Lustübungen und einstudierten Schlägereien zwischen den Bandmitgliedern versuchten sie, ihrem Teenager-Publikum klar zu machen, 'dass Amerika sich auf Sex und Gewalt aufbaut' (Alice). Auf ihren üppig ausgestatteten Langspielplatten, die mangelnde Musikalität durch vorzügliche Produktion tarnten, riefen sie zur Rebellion gegen alle Autoritäten auf, zumeist jedoch so unglaubwürdig übersteigert, dass Eltern und Erzieher gar nicht erst in diese künstlich verbreiterte Generationenkluft tappten. 'Da es immer schwerer wird, Erwachsene zu schockieren', erkannte der Kritiker Noel Coppage, 'ist Alice Cooper ein Beispiel dafür, wie sehr sich eine Band anstrengen muss, um den schlechten Ruf zu erlangen, der Elvis Presley mit einem einfachen Hüftschwung zuteil wurde'. Alice Coopers Lebensstil war privat weit von jeder Rebellen-Haltung entfernt»*[42].

Die ROLLING STONES *«hatten sich mit ihren Sex- und Drogenausschweifungen konsequent über bürgerliche Moralvorstellungen hinweggesetzt und galten daher als schmutzige, böse, aggressive Vertreter einer neuen proletarischen Musik. In ihrem grössten Hit 'I Can't Get No Satisfaction' (Ich kann keine Befriedigung finden) entdeckten die Fans 'die Aufforderung an jeden einzelnen, sich nicht länger einzuordnen, unterzuordnen, sich nicht länger die Befriedigung zu versagen, deren Erfüllung doch längst schon möglich ist' ('Die Zeit'). Die meisten jedoch hatten überhört, dass der Rolling-Stones-Song 'Street Fighting Man' (Die Zeit ist reif, in den Strassen zu kämpfen) mit der Zeile endete: 'Aber was kann ein armer Junge anderes tun, als in einer Rock'n'Roll-Band zu singen?' Für das Selbstverständnis der Rolling Stones war 'revolutionärer Heroismus stets lediglich eine Pose' und 'der Rock'n'Roll nur ein wenig Paprika auf dem atomaren Fernsehabendbrot' (so der US-Kritiker Stanley Booth). Zugegebenermassen ging es ihnen immer nur um die Freiheit, ihre Musik und Geld zu machen»*[43].

8. Chaotische Mammutkonzerte

«WOODSTOCK ist zum Synonym geworden für ein gigantisches Pop-Musik-Festival, das von vier jungen Amerikanern zwischen dem 15. und 17. August 1969 auf dem 243 Hek-

tar grossen Farmgelände von Max Yasgur in Bethel, N.Y., in der Nähe der Musikerkolonie Woodstock veranstaltet worden ist. Nicht zuvor und nicht danach wurde die Folksong-, Rock-, Soul- und Blues-Kultur der jungen Generation, die der Hippie-Führer Abbie Hoffmann anlässlich dieses Rock- and Drug-Picknicks 'Woodstock-Nation' nannte, so vollständig und repräsentativ dokumentiert. Etwa 400000 Jugendliche kampierten in Autos und Zelten, kopulierten (hatten Geschlechtsverkehr) *in Schlafsäcken und pafften so viel Marihuana, 'dass man schon vom Einatmen der Luft benebelt wurde', wie im Polizeibericht vermerkt ist. Plakate verkündeten: 'Schafft ein schöneres Amerika, nehmt Drogen.' Händler boten öffentlich ihre Waren an: LSD, Haschisch, Meskalin; die Polizisten stiegen vorsichtig über die Berauschten hinweg. 'Ich habe', erklärte ein Polizeioffizier, 'noch nie so viele Menschen gesehen, die sich auf so engem Raum so friedlich verhielten'. Sie lauschten bei Sonne, Regen und Sturm 32 Bands und Interpreten, die für nicht mehr als 250000 Dollar Gagen musizierten. Das 'bedeutende planetarische Ereignis' (Schriftsteller Allen Ginsberg) wurde vom Regisseur Michael Warleigh auf 100 km Farbfilm eingefangen und machte als Drei-Stunden-Dokumentation in Techniscope in der ganzen Welt Kasse. Binnen 18 Wochen hatte der Film fünf Millionen Dollar eingespielt. Monatelang feilschten die Manager der Plattenmarke Cotillion um die Rechte, ehe schliesslich 13 Plattenfirmen ihre Künstler für die akustische Festivalreportage in zwei LP-Kassetten freigaben. Film und Schallplatten sind optimale Dokumente eines kurzlebigen Hippie-Lebensgefühls. 'Früher', jubelte Janis Joplin in Woodstock, 'waren wir nur wenige, jetzt gibt es Massen und Massen von uns.' Aber schon vier Monate später erlosch die Woodstock-Euphorie im Horror von Altamont»*[44].

«ALTAMONT, eigentlich Altamont Speedway, ist eine verwahrloste Autorennbahn im hügeligen Livermore Valley, etwa 80 Kilometer nordöstlich von San Francisco, die durch die Rolling Stones in die Rock-Geschichte eingegangen ist. Zum Finale einer USA-Tournee veranstalteten die Stones dort am 6. Dezember 1969 ein Free-Concert für mehr als

300000 Fans – kostenlose Statisten für ihren Tourneefilm 'Gimme Shelter'. Das Verkehrschaos war so gross, dass die Musiker per Hubschrauber aufs Podium gebracht werden mussten. Mindestens 20 schwere Unfälle wurden gezählt. Ein Plymouth fuhr mit hoher Geschwindigkeit in die Menge und tötete zwei Menschen. Ein Junge ertrank im LSD-Rausch in einem Kanal, ein anderer, dessen Füsse ins Feuer geraten waren, wurde mit schweren Verbrennungen ins Krankenhaus gebracht. 19 Ärzte und 6 Psychiater behandelten bis zur Erschöpfung Drogenfälle, Frühgeburten, Verletzungen infolge Schlägereien. Die Rockertruppe Hell's Angels (Höllenengel), *von den Veranstaltern als Ordner verpflichtet, betrank sich und terrorisierte aufs brutalste das Publikum. Als die Stones 'Sympathy for the Devil' (Sympathie für den Teufel) anstimmten, droschen die Angels wahllos auf die Zuhörer ein. Der 18jährige Farbige, Meredith Hunter, wurde unmittelbar vor der Bühne erstochen, aber die Show ging weiter.*
Altamont war das Ergebnis von teuflischem Egoismus, Aufbauscherei, Unfähigkeit, Geldmanipulation und, als Basis dessen, einem fundamentalen Mangel an Menschlichkeit' ('Rolling Stone'). Referenz: Siegfried Schobers Buch 'Let it Bleed, The Rolling Stones in Altamont'»[45].

9. *Egoistische «Nimm-Mentalität»*

JANIS JOPLIN (1943-1970) prägte mit ihrem Song-Text «Nimm, solange du was kriegen kannst» und mit ihren eigenen Worten: «Berausch dich, sei fröhlich und fühl dich wohl» die Lebenshaltung der beginnenden Rock-Kultur. Sie war die Verkörperung des Grundsatzes: «Lebe intensiv, liebe heftig, stirb jung». Diese egoistische «Nimm-Mentalität» gehört seither untrennbar zur Rock-Kultur.

Die Auswirkungen der Rock-Musik auf Körper und Seele

Das Rock-Publikum sucht seine Musik oft wegen der von ihr ausgehenden Rauschwirkungen[46]. Unter dem Einfluss dieser Musik kann es in völlige Selbstvergessenheit gelangen, *«wofür es in ihrer Sprache allerlei plastische Ausdrücke wie 'reinhängen', 'wegtreten', 'high werden' gibt»*[47]. Vor allem bei grossen Pop-Konzerten ist ein an besinnungslose Ekstase grenzender Zustand zu beobachten[48]. *Ekstase* bedeutet wörtlich «Aussichherausgetretensein»; sie ist eine (religiöse) Verzückung, ein rauschhafter Zustand, in dem der Mensch der Kontrolle des normalen Bewusstseins entzogen ist. Die Erzeugung dieser beschriebenen Zustände wird durch die begleitenden Körperbewegungen unterstützt. *«Von Naturvölkern war dergleichen immer bekannt; Wagner-Aufführungen sollen um 1900 ähnliche Wirkungen gehabt haben*[49]*, und selbst von Theateraufführungen der Sturm- und Drangperiode wird derartiges berichtet, aber dass Hunderttausende junger Menschen, wie es auf den grossen Festivals von Woodstock und Altamont zu beobachten war, sich in eine Kollektiv-Psychose* (Zustand gruppenmässiger seelischer Störung) *begeben und vermutlich noch weit mehr mit wenigen Gleichgesinnten das nachzuahmen trachten, ist zumindest dem Umfang nach neu»*[50].

Nach dem Rock-Musikgenuss erwacht der Hörer aus seinen tranceartigen Zuständen und zeigt Reaktionen wie verschlafen wirkendes Hochtaumeln, Wut und Aggression[51]. *Trance* ist ein schlafähnlicher Zustand (bei spiritistischen Medien); ein Dämmerzustand und ein Übergangsstadium zum Schlaf.

«Die Wirkung, die Pop-Musik... nach vielen Selbstaussagen jugendlicher Konsumenten... ausübt, scheint der nicht unähnlich zu sein, die STECKEL den Drogen zuschreibt, wenn er sagt, dass sie in einer noch nicht präzise erklärten biochemischen Einwirkung auf das Zentralnervensystem beständen...» Es handelt sich also um *«die Aufhebung der Grundlagen jener Bewusstseinsebene, die als 'normales Wachbewusstsein' bezeichnet wird»*[52].

«...alles dies weist in Richtung der Vermutung, dass die neuen Klänge starke Wirkungen auf Körper und Geist gleichzeitig ausüben. Solche Äusserungen entspringen nicht systematischer Beobachtung, sind aber sicher das Ergebnis von Erfahrung, und es wäre m.E. eine dringende Aufgabe für die Medizin, derartiges zu untersuchen»[53].

Alfred Kuen bestätigt diese Beobachtungen in seiner Beschreibung der Auswirkungen der Rock-Musik:

«Calvin sagte, die Musik habe eine verborgene und eigentlich unglaubliche Tugend, die Herzen auf die eine oder die andere Art zu rühren! Aber nicht nur das Herz wird von der Musik bewegt. Sie kann auch erstaunliche Auswirkungen auf den Körper haben: Schwankungen des Pulsschlages und der Atmung, gesteigerte Funktion der endokrinen Drüsen (Drüsen mit innerer Ausscheidung), insbesondere der Hypophyse, die lebensnotwendige Prozesse im Organismus steuert. Wenn die Melodie steigt, zieht sich der Kehlkopf zusammen, wenn sie sinkt, entspannt er sich wieder. Der Grundumsatz und der Zuckerspiegel des Blutes verändern sich im Laufe einer Aufführung. Man kann also danach trachten, auf dem menschlichen Organismus wie auf einem Musikinstrument zu spielen. Gewisse Komponisten elektronischer Musik haben sich tatsächlich anerboten, das Gehirn wie mit einer Droge durch Kurzschliessung der Kräfte des Bewusstseins zu manipulieren. Der dominierende Rhythmus des Rock und des Pop beeinflusst als erstes den Körper und regt gewisse hormonale Funktionen an. Die Wirkung wird durch die Lautstärke der Musik noch vergrössert. Über 80 Dezibel empfindet man als unangenehm, mehr als 90 sind schädlich. In den Rock-Konzerten hat man in der Saalmitte 106-108 gemessen und in der Nähe des Orchesters 120! Die Spezialisten entdeckten bei den Jugendlichen zudem Hörschwierigkeiten, von denen sonst nur Leute von über 50 Jahren betroffen sind, sowie eine beunruhigende Zunahme von Herz- und Gefässkrankheiten und Gleichgewichtsstörungen.

Aber diese körperlichen Unannehmlichkeiten sind weniger schlimm als die seelischen. Man kann sich nicht während längerer Zeit ungestraft einem Einfluss aussetzen, der entpersönlicht und der die Kontrolle des Verstandes zugunsten unbewusster Antriebe aufhebt. Dieser Einfluss verursacht eine übermässige Erregung, wie sie in ähnlicher Form bei den primitiven Völkern zu finden ist. Darum beobachtet man bei den Konzerten die wohlbekannten Szenen der Massen-

hysterie und der entfesselten Gewalt, bei denen alles auf den Kopf gestellt wird. Bob Larson war besonders beeindruckt durch die Haltung von Selbst-Opferung junger Zuhörerinnen, die sich am Schluss der Konzerte den Musikern anboten...»
Kuen fasst zum Schluss zusammen, dass Rock und Pop eine Musik ist, die bei den Zuhörern die gleiche Lebenshaltung schaffen möchte, wie sie die Kräfte der Inspiration bei den Komponisten hervorbrachten[54].

Die Flucht aus dem Alltag

Durch die Rock-Musik kann offenbar für eine gewisse Zeit der Zwang und die Möglichkeit abgeschafft werden, sich mit der Wirklichkeit des Lebens auseinanderzusetzen. Sie ermöglicht die Flucht aus dem Alltag: *«Szenen in von Schülerkollektiven gedrehten Filmen, vermittels derer gegen den 'Leistungsdruck' demonstriert werden sollte und in denen angesichts einer drohenden Mathematikarbeit sich ein schwacher Schüler die Kopfhörer aufsetzt, anstatt zu lernen, sowie das ganze Drum und Dran von Pop-Konzerten, bei denen man auch als Beobachtender, als Erwachsener darum kämpfen muss, seine rationale Distanz vor der geballten Wirkung von Lautstärken und Licht, Klangfarben und hämmernder Rhythmik und den von Haschisch, Räucherstäbchen und Zigaretten ausgehenden Düften zu bewahren: all dies wird von mir als bewusst so angeordnete Veranstaltung zum Ermöglichen von Flucht gedeutet. Musik fungiert* (wirkt) *als bergender Mutterschoss, in den zu regredieren* (zurückzugehen) *durch Entwicklung der Technik und zunehmende Verbreitung und Sanktionierung solcher Gewohnheiten durch Erwachsene, die erziehungsunsicher geworden sind, jederzeit möglich ist»*[55].

Ist die Rock-Kultur mit der christlichen Lebenshaltung vereinbar?

Obwohl die Aufbruchstimmung der sechziger Jahre vorbei ist, sind die Folgen und Spuren der Rock-Kultur jenes Jahrzehnts heute noch unauslöschlich vorhanden, und sie leben zum Teil in der heutigen Rock-Kultur weiter.

Wenn wir diese neun Merkmale und somit auch die Ereignisse von Woodstock und Altamont vor Augen haben, wenn wir uns der Auswirkungen der Rock-Musik bewusst sind, dann stehen wir erstaunt, betroffen und erschrocken vor der aggressiven Gottlosigkeit, die mit der Rock-Welt im Zusammenhang steht. Wer sich bisher nie mit dieser Musikwelt auseinandergesetzt hat, steht plötzlich vor einem Abgrund des Grauens! Dunkle Finsternismächte sind vor bald zwanzig Jahren über unsere Jugend hereingebrochen!

Wir werden an die Worte des Propheten Jeremia erinnert, der dem abtrünnigen Israel Gottes Botschaft verkündete:
«Staunet ob solchem, ihr Himmel, und schaudert, entsetzt euch sehr, spricht der Herr. Denn mein Volk hat eine zwiefache Sünde begangen: Mich, die Quelle des lebendigen Wassers haben sie verlassen, um sich Zisternen zu graben, löcherige Zisternen, die kein Wasser halten.» *Jeremia 2, 12-13*

Wir stellen fest, dass es hier nicht nur um eine neue Musik geht, sondern dass die Vorstellungen und Verhaltensweisen der Jugend entscheidend beeinflusst werden.

Die Auswirkungen der Rock-Musik beweisen die Gefährlichkeit der Einflüsse, denen die Jugendlichen ausgesetzt sind.

Die Rock-Musik ist darum das hör- und spürbare Zeichen der Lebenshaltung einer neuen Generation: Es handelt sich nicht einfach um eine neue Generation, sondern um eine NEUE ART VON GENERATION[56].

Was wir hier verwirklicht sehen, hat Paulus in wenigen Worten so beschrieben:
«Das aber sollst du wissen, dass in den letzten Tagen schwere Zeiten eintreten werden. Denn die Menschen werden selbstsüchtig sein, geldgierig, prahlerisch, hochmütig, Lästerer, den Eltern ungehorsam, undankbar, gottlos, lieblos, unversöhnlich, verleumderisch, unenthaltsam, zuchtlos, dem Guten feind, treulos, leichtsinnig, aufgeblasen, das Vergnügen mehr liebend als Gott.» *2. Timotheus 3, 1-4*

Nun sind wir in der Lage, die vier TESTFRAGEN vom Anfang des dritten Kapitels zu beantworten:

— Die Auffassungen der Rock-Kultur sind mit den christlichen Lebensgrundsätzen unvereinbar und können in keiner Weise übernommen werden.
— Ein treuer und gehorsamer Christ kann keinesfalls den Lebensstil der grossen Rock-Stars übernehmen.
— Der gläubige Christ kann Elvis Presley, die Beatles, den Bob Dylan vor 1979, Janis Joplin, Jimi Hendrix, die Rolling Stones, Alice Cooper, Black Sabbath und Lou Reed nicht als Vorbild nehmen und ihnen schon gar nicht nacheifern! Der Aufruf Jesu Christi, unseres wirklichen Vorbildes, tönt ganz anders als die Song-Texte dieser Stars:
«Nehmet auf euch mein Joch und lernet von mir; denn ich bin sanftmütig und von Herzen demütig; so werdet ihr Ruhe finden für eure Seelen; denn mein Joch ist sanft und meine Last ist leicht.» *Matthäus 11, 29-30*

— Das Vorhaben, als bibelgläubiger Christ eine Rock-Band zu gründen und die gleiche Musik zu schreiben und zu spielen, würde an diesem Schriftwort scheitern:
«Niemand kann zwei Herren dienen.» Matthäus 6, 24.

(Auf die Frage nach christlicher Rock-Musik wird im neunten Kapitel eingegangen.)

IV. Die Ausdrucksmittel der Rock-Kultur

Plattenhüllen

Die Hüllen der Rock-Musik-Platten sind nicht Nebensache, sondern dienen oft als Träger einer klaren Botschaft. Die Vielfalt ist gross und reicht von einfachen Namenszügen über raffinierte Fotomontagen bis zu traumhaften und unwirklichen (surrealistischen) oder gar okkulten Darstellungen.

Vier Beispiele sollen uns diese Vielfalt vor Augen führen:

Diese Hülle zeigt ein interessantes Foto, das für einen gläubigen Christen keineswegs anstössig ist. Die vier Beatles sind aus guter Perspektive aufgenommen.
An sich eine fast bürgerliche Plattenhülle!

Wenn die oben abgebildete Platte ein Extrem darstellt, zeigt diese Hülle das andere: dämonisch, zerstörerisch und vom Tode gekennzeichnet. Das Bild erfreut oder erhebt nicht, im Gegenteil. Es löst Angst und Todesahnungen aus. Ein bibelgläubiger Christ könnte eine solche Darstellung nie befürworten.

Jean Michel Jarre's «Oxygene» ist nicht ausgesprochene Rock-Musik, aber die Plattenhülle ist interessant: Sie scheint uns zu sagen: «Die Erde und die ganze Menschheit ist in Todesgefahr!» Die Erdteile Europa und Asien mussten schon dem Totenschädel weichen! Vom biblischen Standpunkt her ist es eine verständliche Botschaft, denn die heutige Gottlosigkeit lässt den Untergang und das Ende aller Dinge voraussehen. Der Autor hat offenbar die ausweglose Situation der Menschheit begriffen. Auch ein Christ könnte ein solches Bild schaffen, nur müsste er zusätzlich die Lösung und Hoffnung in Jesus Christus darstellen.

Diese Hülle benützt eine surrealistische, d.h. unwirkliche Darstellung, um ihre Botschaft zu vermitteln. Will der Autor damit aussagen, der Mensch sei trotz der unendlichen Weite und der scheinbaren Freiheit im Universum gefangen? Der Christ erkennt in diesem Bild die Verzweiflung des modernen Menschen ohne Gott! Ohne Schöpfer ist der Mensch sich selber und den weit entfernten und unpersönlichen Sternen überlassen.

Diese Beispiele bestätigen uns, dass es in der Rock-Welt nicht nur um Musik, sondern unter anderem auch um eine Verbindung von Komposition und Graphik geht.

Song-Texte

Um die Song-Texte richtig in die Rock-Musik-Kultur einordnen zu können, müssen wir zuerst ein paar grössere Zusammenhänge erkennen:

«In der herkömmlichen Unterhaltungsmusik der Erwachsenen (vor 1956) hatte stets vornehmlich der Song den Erfolg einer Schallplatte bestimmt — beinahe gleichgültig, von wem gesungen oder gespielt. Der amerikanische Rock'n'Roll und die englische Beat-Musik setzten an Stelle der Melodie den Vorrang des Klanges und der Interpretation. 'Diente früher die Interpretation zur Mitteilung des Notentextes', schrieb der Musikwissenschaftler Konrad Boehmer in einer Analyse des Beat-Stils, 'so dient dieser nun zur Mitteilung der besonderen Interpretation. Die Frage, was gesungen werden soll, tritt in den Hintergrund vor der Frage, wie dies geschieht.' Folgerichtig sanken von 1956 an die Umsätze für Notenausgaben populärer Schlager: Rock war nur über die Tonaufnahme angemessen zu vermitteln»[1].

Man kann Rock-Musik wegen der technischen Mittel, die sie benötigt (elektrische Gitarre, teures Schlagzeug, Mikrophone, Verstärker, Mischpulte, Lautsprecher, Lichtanlagen), nicht wie ein klassisches Stück zuhause auf dem Klavier spielen, sondern man muss sie konsumieren! Das fördert die Schallplattenindustrie und das Geschäft mit den Stereoanlagen, Tonband- und Kassettengeräten, aber es verunmöglicht gleichzeitig das persönliche Musizieren. Die jungen Leute betätigen sich dadurch nicht mehr musikalisch, sondern werden zu passiven Konsumenten erzogen, die sich dem Einfluss der Musik oft kritik- und widerstandslos ausliefern, gerade weil vor allem das Gefühl angesprochen wird. Die Frage nach dem verständlichen Inhalt tritt dabei in den Hintergrund. Darum sind bei uns viele junge Leute feurige Anhänger der Rock-Musik, obwohl sie die englischen Song-Texte nicht verstehen.

Wenn auch der Rhythmus und die Klänge den Vorrang haben, dürfen wir den Inhalt der Texte nicht missachten, denn er drückt oft das aus, was in den Herzen der heutigen Jugend vorgeht.

BOB DYLAN, das Vorbild vieler Rock-Musiker, löste in den sechziger Jahren mehrfach neue Rock-Musik-Trends aus. Er schrieb und sang folgende Strophe:

«Kommt, ihr Väter und Mütter überall im Lande
und kritisiert nicht, was ihr nicht versteht.
Ihr könnt euren Söhnen und Töchtern nichts mehr sagen
auf euren alten Wegen wächst schon das Gras
denn die Zeiten ändern sich»[2].

Diese Strophe beschreibt auf eindrückliche Weise den Generationenkonflikt, der in den sechziger Jahren durch die Hippie-Bewegung weltweit zum Ausbruch kam.

Weiter schrieb Bob Dylan:

«Wie fühlst du dich, da du jetzt auf eigenen Füssen stehst,
ohne Richtung und ohne Heim, völlig unbekannt wie ein rollender Stein?»[3].

Diese Strophe stellt die Frage nach dem neuen Lebensgefühl eines Vertreters der Gegenkultur, der wie ein rollender Stein (a rolling stone) durchs Leben kollern möchte.

Die BEATLES beschrieben die Unwirklichkeit des neuen Lebensstils mit folgender Strophe, für die sich die Jugend im letzten Jahrzehnt begeisterte:

«Komm auch mit
ich geh' in die Erdbeerfelder
nichts ist wirklich
kein Grund zur Besorgnis
Erdbeerfelder auf immer»[4].

Die Einsamkeit der Jugend fassten sie in folgende Worte:

«Er ist wirklich ein Nirgendwomensch
der in seinem Nirgendwoland sitzt
und alle seine Nirgendwopläne
für niemanden macht»[5].

«1968 ging die Hippie-Welt allmählich an den sanitären Vorschriften, dem Drogengeschäft, den Gaunern, den Verhaftungen, den Boutiques voller Pseudo-Pop und den Autobussen der Touristen zugrunde. Die Lieder der Beatles wurden immer gekünstelter und unnatürlicher...
Die Probleme, mit denen die Jugendlichen zu tun hatten, hatten kaum noch etwas mit den Lebensverhältnissen der Beatles zu tun, die die Millionen genossen, die sie in der Zwischenzeit verdient hatten...»

Ihr Lied *Let it be* versuchte es mit einem schüchternen Rat:

> *«Es wird eine Antwort geben:*
> *Lass dich treiben, lass dich treiben»*[6].

Mick Jagger, der führende Sänger der ROLLING STONES, sagte einmal:

> *«Ich bin gegen alles, was die individuelle Freiheit einschränkt. Als Nonkonformist nehme ich nichts als wahr hin, was andere dafür halten»*[7].

Ein Stück Lebensweisheit der Rolling Stones kommt in den beiden folgenden Strophen zum Ausdruck:

> *«Man kann nicht immer das bekommen, was man möchte,*
> *aber wenn man es manchmal versucht,*
> *kann es sein, dass man findet, was man braucht»*[8].

Obwohl die Rolling Stones in einer Welt leben, die nicht diejenige der «radikalen» Jugend ist, finden auch deren Probleme ihr Echo in den Liedern der Stones:

> *«Du kannst oben sein, du kannst unten sein,*
> *du kannst reich sein, du kannst arm sein.*
> *Aber wenn der Herr es will,*
> *musst du gehen.*
> *Sieh diese Frau,*
> *die auf der Strasse vorbeigeht,*
> *sieh den Polizisten, wie er wachsam ist.*
> *Doch wenn der Herr es will,*
> *müssen sie gehen»*[9].

Wen meinen die Stones wohl, wenn sie «Herr» sagen?

Eine der beliebtesten Gruppen der Gegenwart ist die schwedische Band ABBA. Wahrscheinlich kann sich die Jugend heute besser mit dieser Band identifizieren, die aus zwei Paaren besteht und dem bürgerlichen Leben näher ist, als eine Männer-Band, die, wie z.B. die Rolling Stones, ein extremes Rockerleben führt.

Folgender Refrain stammt von den ABBA (übersetzt vom Verfasser):

«Ich sage: ich danke dir für die Musik
und die Lieder, die ich singe.
Danke für alle Freude, die sie bringen.
Wer kann ohne sie leben?
Ich frage in aller Ehrlichkeit:
Was würde das Leben, was würden wir sein,
ohne Lied, ohne einen Tanz?
Darum sage ich: Ich danke dir für die Musik,
dass du sie mir gegeben hast.»

Die Strophen zu diesem Refrain drücken Bescheidenheit, eine ehrliche Dankbarkeit und ein gewisses Mass an gesunder Lebensfreude aus.
Aber wissen die ABBA, wem sie für die Musik danken? Kennen sie den lebendigen Schöpfergott, den Geber aller guten Gaben?

Viele Song-Texte der Rock-Welt drücken die Hoffnungslosigkeit, die Langeweile oder die Träume der heutigen Jugend von Glück und Liebe aus. Oft werden die Themen aus dem alltäglichen Leben aufgegriffen. Manchmal werden auch obszöne und lästerliche Strophen gedichtet, wie die folgende der deutschen Nina-Hagen-Band.

NINA HAGEN singt über die unerwünschte Schwangerschaft den Refrain:

«Warum soll ich meine Pflicht als Frau erfüllen?
Für wen? Für die? Für dich? Für mich?
Ich habe keine Lust, meine Pflicht zu erfüllen!
Für dich nich, für mich nich, ich hab keine Pflicht!»

oder: *«Der Teufel kommt, er hilft uns auf und sagt uns:*
Gott ist tot!
The Lord is fort.
Gott ist tot!
The Lord is fort.
Jawoll.»

Ist das erstaunlich in der heutigen Zeit, wo sogar in der Theologie eine «Gott-ist-tot-Bewegung» besteht?

Die Song-Texte sind oft ein guter Spiegel der Weltanschauung vieler junger Leute, die das Leben ohne Gott meistern wollen.

Zeitschriften

Neben den Plattenhüllen und den Song-Texten spielen auch die Zeitschriften in der Rock-Welt eine wichtige Rolle.

«ROLLING STONE» gilt als eine der besten Rock-Zeitschriften der Welt. Die englische Ausgabe erscheint alle vierzehn Tage in New York und die deutsche monatlich in Köln.

«MELODY MAKER» ist ein Rock- und Jazz-Wochenblatt aus London.

«POP ROCKY» mit dem Mittelteil «MELODY MAKER» ist eine bunte Jugendillustrierte. Sie erscheint vierzehntäglich.

«BRAVO» ist die bei uns am meisten gelesene deutsche Jugendzeitschrift, die unter anderem allwöchentlich das Neueste aus der Rock-Welt berichtet.

«SOUNDS» ist ein Monatsheft, das sich mit viel Text, wenig Fotos und etwas gehobenerer Themenwahl einen seriöseren Anstrich gibt, ebenso wie

«MUSIC SCENE — SUISSE/SCHWEIZ», eine monatliche Schweizerproduktion.

«POPCORN» ist ein deutsches Monatsmagazin.

«MUSIK-EXPRESS» erscheint monatlich in Hamburg, während

«FAN MAGAZIN» in der Schweiz und in Deutschland hergestellt und sechsmal im Jahr herausgegeben wird.

Alle diese Zeitschriften haben einen ähnlichen Aufbau und Inhalt, der fast ausnahmslos einen sehr schlechten Einfluss auf die jungen Leute ausübt:

Das Neueste aus der Rock-Welt wird mit Foto-Reportagen, Interviews, Lebensgeschichten und Reklamen für Platten und Konzerte berichtet. Posters oder Teile davon liegen vielen Ausgaben bei, so dass der Fan sein Zimmer damit tapezieren kann. Horoskope, Kino- und Fernsehreklamen, Frageecke, seichte Artikel über Sex und Liebe, Anzeigen für Brieffreundschaften, Wettbewerbe, Kreuzworträtsel u.a.m. füllen die 40- bis 80seitigen Zeitschriften, die zwischen Fr./DM 1.50 bis Fr./DM 3.80 kosten.

Konzerte

Das Rock-Konzert selbst macht sich viele Kommunikationsmittel zunutze und spricht Ohr, Auge, Gefühl, ja den ganzen Menschen an: Die Musik ertönt aus riesigen Lautsprecheranlagen; die Musiker bieten durch ihre Kostüme und ihre oft unnatürlichen, ekstatisch und sexuell aufreizenden Bewegungen ein Schauspiel, das durch die farbige Licht-Show noch eindrücklicher wird, besonders wenn auch Rauch aufsteigt, der in allen Farben leuchtet! Es wird ein «totales Schauspiel» angestrebt.

Filme

Für Kino- und Fernsehfilme sind solche Konzerte, zusammen mit biographischen Szenen aus dem Leben der Bands, gesuchte Objekte.

Poster, Bücher, Mode

Plakate zieren die Schlafzimmer der Fans.

In letzter Zeit erscheinen auch immer mehr Bücher über die Rock-Welt.

Die Mode schlägt indirekt Kapital aus der Rock-Musik, weil sich die Jugend der Rock-Norm entsprechend kleidet, um «in» zu sein.

Bei alledem darf man nie vergessen, dass Rock und Profit immer eine gute Ehe geführt haben[10]!

Die Rock-Kultur spricht alle Ebenen der Persönlichkeit an

Bei der Beschäftigung mit den Plattenhüllen, den Song-Texten und den Zeitschriften fällt die Vielfalt der Ausdrucksmittel und der Industrien auf, die in der Rock-Welt eingesetzt werden und von ihr profitieren. Die Liste dieser Ausdrucksmittel zeigt deutlich, wie die Rock-Kultur den jungen Menschen auf allen Ebenen der Persönlichkeit anspricht! Sinne, Gefühl, Wille und Denken werden beeinflusst.

Es ist möglich, eine ganze Rock-Welt um sich herum aufzubauen, denn durch die Vielfalt der Mittel kann die Rock-Kultur für einen Menschen fast allgegenwärtig werden.

Man bedenke einmal, dass vor 150 Jahren weder Farbfotographie, noch Film, noch Fernsehen, noch Radio, noch Schallplatte, noch Tonband, noch Kassette, noch Lautsprecheranlagen existierten! Auch Zeitschriften in der heutigen Form waren undenkbar.

Einflussnahme der Christen auf die Rock-Kultur

Im Vergleich mit dem 19. Jahrhundert hat die Welt heute viel grössere Möglichkeiten, die Menschen zu beeinflussen. Grundsätzlich stehen den Christen die gleichen Mittel für die Predigt des Evangeliums zur Verfügung. Aber weil Filme, Fernsehsendungen und vierfarbige Zeitschriften so kostspielig sind, werden die Gläubigen in ihrer Minderzahl nie mit der Welt konkurrieren können. Menschlich gesprochen sind sie sehr schwach. Wegen der Übermacht und Attraktivität der weltlichen Angebote in Musik, Sport und Freizeitbeschäftigung überhaupt braucht es heute besondere Anstrengungen, um Jugendliche mit dem Evangelium zu erreichen.

Was können gläubige Eltern, Erzieher und Missionare angesichts dieser weltlichen Macht tun?

Zuerst müssen sie erkennen, dass sie *«nicht wider Fleisch und Blut, sondern wider die Herrschaften, wider die Gewalten, wider die Weltbeherrscher dieser Finsternis, wider die geistlichen Mächte der Bosheit in den himmlischen Regionen»* kämpfen. *Epheser 6, 12*

Das GEBET ist darum eine vordringliche Aufgabe:
«Bei allem Gebet und Flehen aber betet jederzeit im Geist, und wachet zu diesem Zweck in allem Anhalten und Flehen für alle Heiligen, auch für mich, damit mir ein Wort gegeben werde, so oft ich meinen Mund auftue, freimütig das Geheimnis des Evangeliums kundzutun.» *Epheser 6, 18-19*

Die Christen müssen lernen, die ganze WAFFENRÜSTUNG Gottes (Epheser 6, 13-17) anzuziehen.

Menschlich gesehen stehen die Christen vor einer Übermacht; aber sie können dem Heer der Drahtzieher der Rock-Kultur und der Kraft ihrer Propaganda getrost entgegen treten, denn Gott will durch seinen Geist wirken (Sacharja 4, 6).

Jesus Christus sagt:

*«Mir ist gegeben alle Gewalt im Himmel und auf Erden...
Und siehe, ich bin bei euch alle Tage, bis ans Ende der Weltzeit!»* *Matthäus 28, 18 und 20*

(Für die christliche Anwendung der nichtmusikalischen Ausdrucksmittel werden im achten Kapitel einige Hinweise gegeben.)

V. Die christliche Lebenshaltung als völliger Gegensatz zur Rock-Kultur

Die charakteristischen Elemente der Rock-Kultur in Gegenüberstellung zu den Merkmalen der christlichen Lebenshaltung

In den Kapiteln zwei bis vier beschäftigten wir uns mit den wichtigsten Begriffen, den charakteristischen Merkmalen und den Ausdrucksmitteln der Rock-Kultur. Wir sprachen auch von den Auswirkungen dieser Musik und von der Flucht aus dem Alltag, die sie ermöglicht. Nun gilt es, den Gegensatz zwischen christlicher Lebenshaltung und Rock-Kultur herauszuarbeiten!

Neun vergleichbare Merkmale der christlichen Lebenshaltung

Merkmale der Rock-Kultur	***Merkmale der christlichen Lebenshaltung***
1. Streben nach Ruhm	***Demut und Dienst am Nächsten*** *«Nehmet auf euch mein Joch und lernet von mir; denn ich bin sanftmütig und von Herzen demütig; so werdet ihr Ruhe finden für eure Seelen.»* *Matthäus 11, 29* *«Wer unter euch gross werden will, der sei euer Diener; und wer unter euch der erste sein will, der sei euer Knecht.»* *Matthäus 20, 26-27*

«Sondern in Demut achte einer den andern höher als sich selbst.»
Philipper 2, 3

«Was immer ihr tut, das tut von Herzen, als für den Herrn und nicht für Menschen.» *Kolosser 3, 23*

2. Geld- und Industrie-Interessen

Trachten nach bleibenden Werten

«Ihr sollt euch nicht Schätze sammeln auf Erden, wo die Motten und der Rost sie fressen und wo die Diebe nachgraben und stehlen. Sammelt euch aber Schätze im Himmel, wo weder die Motten noch der Rost sie fressen und wo die Diebe nicht nachgraben und stehlen. Denn wo dein Schatz ist, da wird auch dein Herz sein.»
Matthäus 6, 19-21

«Wenn wir aber Nahrung und Kleidung haben, soll uns das genügen.» *1. Timotheus 6, 8*

«Ich verstehe mich so gut aufs Armsein wie aufs Reichsein; ich bin in allem und für alles geübt, sowohl satt zu sein, als zu hungern, sowohl Überfluss zu haben, als Mangel zu leiden.»
Philipper 4, 12-13

3. Macht

Gott ist der Herr

«Und Jesus trat herzu, redete mit ihnen und sprach: Mir ist gegeben alle Gewalt im Himmel und auf Erden.» *Matthäus 28, 18*

Manipulation

Freiheit und Verantwortungsbewusstsein bei Christen in leitender Stellung

«Für die Freiheit hat uns Christus befreit; so stehet nun fest und lasset euch nicht wieder in ein Joch der Knechtschaft spannen.»

Galater 5, 1

«Denn ihr, meine Brüder, seid zur Freiheit berufen; nur machet die Freiheit nicht zu einem Vorwand für das Fleisch, sondern durch die Liebe dienet einander.»

Galater 5, 13

«Und ihr Herren, erzeiget ihnen (den Knechten) *dasselbe und lasset das Drohen, da ihr wisset, dass auch ihr einen Herrn im Himmel habt und dass bei ihm kein Ansehen der Person gilt.»*

Epheser 6, 9

4. Drogen- und Alkoholsüchtigkeit, ausschweifendes Sexualleben

Seelische und körperliche Gesundheit, geordnetes Sexualleben

«Oder wisset ihr nicht, dass euer Leib ein Tempel des in euch wohnenden heiligen Geistes ist, welchen ihr von Gott empfangen habt, und dass ihr euch nicht selbst angehöret? Denn ihr seid teuer erkauft; darum verherrlichet Gott mit eurem Leibe!»

1. Korinther 6, 19-20

«Ich ermahne euch nun, ihr Brüder, kraft der Barmherzigkeit Gottes, dass ihr eure Leiber darbringet als ein lebendiges, heiliges, Gott

wohlgefälliges Opfer: das sei euer vernünftiger Gottesdienst!»

Römer 12, 1

«Ihr esset nun oder trinket oder was ihr tut, so tut es alles zu Gottes Ehre!» *1. Korinther 10, 31*

«Denn alles, was Gott geschaffen hat, ist gut, und nichts ist verwerflich, wenn es mit Danksagung genossen wird.» *1. Timotheus 4, 4*

«Ich bin meines Freundes, und mein Freund ist mein, der unter den Lilien weidet.»

Hohelied 6, 3 (siehe auch restliche Kapitel)

5. Einflüsse des Ostens

Das lebendige und das geschriebene Wort Gottes als alleinige Wahrheit

«Ich bin der Weg und die Wahrheit und das Leben; niemand kommt zum Vater, denn durch mich.»

Johannes 14, 6

«Heilige sie in deiner Wahrheit! Dein Wort ist Wahrheit.»

Johannes 17, 17

«Dein Wort ist meines Fusses Leuchte und ein Licht für meinen Pfad.» *Psalm 119, 105*

6. Okkultismus

Trennung von allen okkulten Praktiken

Schutz vor teuflischen Mächten

«Es soll niemand unter dir gefunden werden, der seinen Sohn oder seine Tochter durchs Feuer gehen lasse, oder ein Wahrsager, oder ein Wolkendeuter, oder ein Zeichendeuter, oder ein Zaube-

rer, oder ein Bannsprecher, oder ein Medium, oder einer, der einen Wahrsagergeist hat, oder jemand, der die Toten befragt. Denn wer solches tut, ist dem Herrn ein Greuel, und um solcher Greuel willen treibt der Herr, dein Gott, sie vor dir aus.» 5. Mose 18, 10-13

«Du glaubst, dass ein einziger Gott ist? Du tust wohl daran! Auch die Dämonen glauben es — und zittern.» Jakobus 2, 19

«So unterwerfet euch nun Gott! Widerstehet dem Teufel, so flieht er von euch; nahet euch zu Gott, so naht er sich zu euch!» Jakobus 4, 7

«Seid nüchtern und wachet! Euer Widersacher, der Teufel, geht umher wie ein brüllender Löwe und sucht, wen er verschlingen könne; dem widerstehet, fest im Glauben, da ihr wisset, dass eure Brüder in der Welt die gleichen Leiden erdulden.» 1. Petrus 5, 8-9

«Dazu ist der Sohn Gottes erschienen, dass er die Werke des Teufels zerstöre.» 1. Johannes 3, 8

7. Rebellion und Zerstörungswut

Gehorsam, gegenseitige Achtung, Wachstum und Aufbau

«Ihr Kinder, seid gehorsam euren Eltern in dem Herrn; denn das ist billig. 'Ehre deinen Vater und deine Mutter', das ist das erste Gebot mit Verheissung: 'auf dass es dir wohlgehe und du lange lebest auf Erden'. Und ihr Väter, reizet eure

Kinder nicht zum Zorn, sondern ziehet sie auf in der Zucht und Ermahnung des Herrn. Ihr Knechte, gehorchet euren leiblichen Herren mit Furcht und Zittern, in Einfalt eures Herzens, wie dem Herrn Christus; nicht mit Augendienerei als Menschengefällige, sondern als Knechte Christi, die den Willen Gottes von Herzen tun; dienet mit gutem Willen, als dem Herrn und nicht den Menschen, da ihr wisset, dass ein jeder für das Gute, das er tut, vom Herrn belohnt wird, er sei ein Knecht oder ein Freier.» *Epheser 6, 1-8*

«Jedermann sei den obrigkeitlichen Gewalten untertan.»

Römer 13, 1

«Im übrigen, meine Brüder, was wahrhaftig, was ehrbar, was gerecht, was keusch, was liebenswert, was wohllautend, was irgendeine Tugend oder ein Lob ist, dem denket nach; was ihr auch gelernt und empfangen und gehört und an mir gesehen habt, das tut; so wird der Gott des Friedens mit euch sein.» *Philipper 4, 8-9*

«Wachset dagegen in der Gnade und Erkenntnis unseres Herrn und Retters Jesus Christus!»

2. Petrus 3, 18

8. Chaotische Mammutkonzerte

Verborgen und bescheiden handeln

«Jesus spricht zu ihnen: Füllet die Krüge mit Wasser! Und sie füllten

sie bis obenan. Und er spricht zu ihnen: Schöpfet nun und bringet es dem Speisemeister. Und sie brachten es. Als aber der Speisemeister das Wasser, das zu Wein geworden war, gekostet hatte (und er wusste nicht, woher es war; die Diener aber, die das Wasser geschöpft hatten, wussten es), ruft der Speisemeister den Bräutigam und spricht zu ihm: Jedermann setzt zuerst den guten Wein vor...; du hast den guten Wein bis jetzt behalten.»

Johannes 2, 7-10

(Jesus Christus veranstaltete keine Show, um das Wasser in Wein zu verwandeln!)

«Und die Pharisäer und Sadduzäer traten herzu, versuchten ihn und baten, dass er ihnen ein Zeichen aus dem Himmel zeigen möchte. Er aber antwortete und sprach zu ihnen: Am Abend sagt ihr: Es wird schön; denn der Himmel ist rot; und am Morgen: Heute kommt ein Ungewitter, denn der Himmel ist rot und trübe. Ihr Heuchler, das Aussehen des Himmels versteht ihr zu beurteilen, die Zeichen der Zeit aber nicht! Das böse und ehebrecherische Geschlecht fordert ein Zeichen; aber es wird ihm kein Zeichen gegeben werden, als nur das Zeichen des Propheten Jona. Und er verliess sie und ging davon.» Matthäus 16, 1-4

(Jesus Christus suchte nie den Publikumserfolg!)

9. Egoistische «Nimm-Mentalität»
(«Nimm, solange du was kriegen kannst!» Janis Joplin)

Hingabe an Gott und den Mitmenschen

«Denn auch des Menschen Sohn ist nicht gekommen, um sich bedienen zu lassen, sondern um zu dienen und sein Leben zu geben als Lösegeld für viele.»
Markus 10, 45

«Ich bin der gute Hirt; der gute Hirt lässt sein Leben für die Schafe.»
Johannes 10, 11

«Grössere Liebe hat niemand als die, dass er sein Leben lässt für seine Freunde.»
Johannes 15, 13

«Du sollst deinen Nächsten lieben wie dich selbst.»
Matthäus 22, 39

«Koste die jugendlichen Lüste aus, benimm dich möglichst ausgefallen, geniesse das Leben!» «Lebe intensiv, liebe heftig,stirb jung!» (Janis Joplin).

«Fliehe die jugendlichen Lüste!»
2. Timotheus 2, 22

(Lust ist zunächst weder gut noch böse. Sie kann sich auf das eine oder das andere richten. Paulus gebraucht hier LUST im bösen Sinne: Wird die Lust von Satan, von der Welt und vom eigenen egoistischen und genusssüchtigen Ich beherrscht, muss man sie fliehen, denn sie findet keine Befriedigung, sondern nur Steigerung bis zur Begierde, die alle Ordnung und Schranken durchbricht. [Nach Rienecker]).

«Liebe die Welt und was in ihr ist. Lass der Fleischeslust, der Augenlust und dem hochmütigen Leben freien Lauf!»

«Habt nicht lieb die Welt, noch was in der Welt ist. Wenn jemand die Welt lieb hat, so ist die Liebe zum Vater nicht in ihm. Denn alles, was in der Welt ist, die Fleischeslust, die Augenlust und das hoch-

mütige Leben, kommt nicht vom Vater her, sondern von der Welt, und die Welt vergeht mit ihrer Lust; wer aber den Willen Gottes tut, der bleibt in Ewigkeit.»

1. Johannes 2, 15-17

(Mit WELT meint Johannes die Organisation der Menschheit nach des Teufels Grundsätzen: Lüge, Macht, Ruhm, Geldgier, Ehebruch, Manipulation, Egoismus, Unreinheit, Menschenkult.)

Die Auswirkungen der Rock-Musik und die Flucht aus dem Alltag in Gegenüberstellung zur christlichen Lebenshaltung

Auswirkungen der Rock-Musik	***Nüchternes und gesundes Christenleben in Selbstbeherrschung***
Rauschwirkung, zerstörerische Ekstase, Trance, drogenähnliche Wirkung	*«Die Frucht des Geistes aber ist Liebe, Freude, Friede, Geduld, Freundlichkeit, Gütigkeit, Treue, Sanftmut, Selbstbeherrschung» Galater 5, 22, Schlachter und Elberfelder* *«Wenn die Toten nicht auferstehen, so 'lasset uns essen und trinken, denn morgen sind wir tot!' Lasset euch nicht irreführen: Schlechte Gesellschaften verderben gute Sitten. Werdet ganz nüchtern und sündiget nicht! Denn etliche haben keine Erkenntnis Gottes; das sage ich euch zur Beschämung.» 1. Korinther 15, 32b-34* *«Denn die da schlafen, die schlafen des Nachts, und die Betrunke-*

nen sind des Nachts betrunken; wir aber, die wir dem Tage angehören, wollen nüchtern sein, angetan mit dem Panzer des Glaubens und der Liebe und mit dem Helm der Hoffnung des Heils.»

1. Thessalonicher 5, 6-8

«Du aber bleibe nüchtern in allen Dingen, erleide das Ungemach, tue das Werk eines Evangelisten, richte deinen Dienst völlig aus!»

2. Timotheus 4, 5

«Darum umgürtet die Lenden eures Gemütes, seid nüchtern und setzet eure Hoffnung ganz auf die Gnade, die euch dargeboten wird in der Offenbarung Jesu Christi.»

1. Petrus 1, 13

Entpersönlichung, Aufhebung der Verstandesfunktionen, Enthemmung

«Er selber aber, der Gott des Friedens, heilige euch durch und durch und euer ganzes Wesen, der Geist, die Seele und der Leib, werde unsträflich bewahrt bei der Wiederkunft unsres Herrn Jesus Christus!» 1. Thessalonicher 5, 23

Hörschwierigkeiten

«Wisset ihr nicht, dass ihr Gottes Tempel seid und der Geist Gottes in euch wohnt? Wenn jemand den Tempel Gottes verderbt, den wird Gott verderben; denn der Tempel Gottes ist heilig, und der seid ihr.»

1. Korinther 3, 16-17

Flucht aus dem Alltag

Sinnvolles Leben in der Wirklichkeit des Alltags

«Freuet euch im Herrn allezeit; und abermal sage ich: Freuet euch! Eure Sanftmut lasset alle

Menschen erfahren! Der Herr ist nahe! Sorget um nichts; sondern in allem lasset durch Gebet und Flehen mit Danksagung eure Anliegen vor Gott kundwerden. Und der Friede Gottes, der allen Verstand übersteigt, wird eure Herzen und Sinne bewahren in Christus Jesus!» *Philipper 4, 4-7*

«Alle eure Sorge werfet auf ihn; denn er sorgt für euch! Seid nüchtern und wachet! Euer Widersacher, der Teufel, geht umher wie ein brüllender Löwe und sucht, wen er verschlingen könne; dem widerstehet, fest im Glauben, da ihr wisset, dass eure Brüder in der Welt die gleichen Leiden erdulden.» *1. Petrus 5, 7-9*

«Seid nun verständig und nüchtern zum Gebet. Vor allem aber habet gegeneinander nachhaltige Liebe; denn die Liebe deckt eine Menge von Sünden. Seid gastfrei gegeneinander ohne Murren! Dienet einander, ein jeder mit der Gabe, die er empfangen hat.»

1. Petrus 4, 7b-10
vgl. auch Epheser 5, 22; 6, 9
und Kolosser 3, 5-25

Gibt es auch positive Elemente in der Rock-Musik?

Wagen wir es nach der Aufzählung der negativen Merkmale dieser Musik noch, nach ihren positiven Elementen zu fragen? Wir dürfen und müssen es wagen, da wir ja nicht unsachliche Schwarzmalerei betreiben wollen! Wir sprachen bis anhin von der Rock-Welt der sechziger Jahre und ihren grossen Namen, deren Platten allerdings auch heute noch sehr populär sind. Wie überall gibt es auch unter den Rock-Musikern extreme, gemässigte und zurückhaltende Leute. Grundsätzlich sind es Menschen wie wir, Sünder, welche die Erlösung Christi brauchen. Wie alle Menschen sind sie im Bilde Gottes geschaffen (1. Mose 1, 27 und Jakobus 3, 9). Dieses Bild ist durch die Sünde nicht zerstört, aber entstellt worden.

Gerade weil die Rock-Musiker, wie wir alle, Träger des entstellten Bildes Gottes sind, ist nicht jedes ihrer Worte und jeder ihrer Akkorde von vorneherein unschön, falsch und teuflisch. Man kann in der Rock-Musik musikalisch schöne Stücke, geniale Klangkombinationen und treffende Textzeilen entdecken! Diese können wir als positive Elemente der Rock-Musik bezeichnen. Wir dürfen aber dabei nicht vergessen, wie finster und unbiblisch das ganze Fundament der Rock-Kultur wirklich ist. Wenn in dunkler Nacht einzelne schöne Lichter aufleuchten, kann man dennoch nicht sagen, es sei Tag!

Gefangenschaft oder Freiheit?

Beim Vergleich der offensichtlich negativen Merkmale der Rock-Welt und der Auswirkungen ihrer Musik mit den vorstehenden Bibelworten fällt uns auf, dass hier zwei völlig verschiedene Geisteswinde wehen! Einerseits die Mächte der Bosheit und die Beherrscher der antigöttlichen, rebellischen, zerstörerischen und schmutzigen Finsternis, andererseits das friedsame, aufbauende und wohltuende Licht des Wortes Gottes!

Ein Mensch kann in GEFANGENSCHAFT der Rock-Musik geraten: Der folgende Bericht gibt Einblick in die Gewohnheiten der Rock-Hörer. Die Zeitung *«Der Bund»* (Bern) veröffentlichte im April 1979 folgenden Artikel:

« Weil's so schön in den Ohren dröhnt»

«Jugendliche hören täglich fast drei Stunden Musik. Die Musik spielt im Leben der Jugendlichen offenbar eine enorme Rolle, hören sie doch täglich fast drei Stunden vorwiegend Pop- und Rock-Klänge. 70 Prozent der Teenager sind an Mu-

sik 'sehr interessiert', wie aus den von Radio DRS (Radio der deutschen und rätoromanischen Schweiz) veröffentlichten Resultaten einer Umfrage unter etwa 1200 Basler Schülerinnen und Schülern hervorgeht. Am liebsten stellen die Jungen die Musik laut ein und möchten dabei allein ausspannen. Die Liste der Lieblingsgruppen führen die schwedischen ABBA vor den Beatles, Pink Floyd und Elvis Presley an. Über die Hälfte der Eltern steht dieser Art Musik 'kritisch ablehnend' gegenüber und hört lieber Schlager. Die Umfrage-Resultate können nach Meinung der Autoren 'ohne weiteres als Spiegel des effektiven Verhältnisses der Jugend zur Musik betrachtet werden'.

Die Untersuchung erfolgte nicht im Rahmen der Hörerforschung von Radio DRS und war bewusst auf Rock- und Pop-Musik ausgerichtet, weil diese etwa die Hälfte des ganzen Plattengeschäfts ausmacht. Das an der Musik bekundete Interesse ist mit 73 Prozent bei den Mädchen noch grösser als bei den Knaben mit 68 Prozent und nimmt mit dem Alter noch zu. Die weiblichen Befragten hörten täglich 183 Minuten Musik, die männlichen 166 Minuten.

Ein Viertel des Taschengeldes.

Im Durchschnitt geben die Teenager monatlich 14 Franken für Musik aus, die Knaben 17 und die Mädchen 10 Franken. Dies entspricht gemäss der Umfrage etwa einem Viertel des Taschengeldes, das die Jugendlichen pro Monat zur Verfügung haben. Dieses Geld wandert zu mehr als vier Fünfteln in die Plattengeschäfte. 17 Prozent werden für Zeitschriften und bloss 8 Prozent für Konzerte ausgegeben»[22].

Die Bibel sagt, der gläubige Christ sei mit seiner Seele, seinem Denken, seinem Fühlen und mit seinem ganzen Leib der *Tempel Gottes* (1. Kor. 6, 19). Wird nun dieser Tempel zu einem «Kaufhaus», gefüllt mit aller Art von negativen und gegen Gott gerichteten Gefühlen und Gedanken, dann muss er gereinigt und wieder zu Gottes Haus gemacht werden, so wie Jesus Christus den Tempel in Jerusalem reinigte und ihn wieder seiner Bestimmung zurückgab (Johannes 2, 13-17).

Zur Zeit der Apostel wurden kostspielige Zauberbücher verbrannt (Apostelgeschichte 19, 19). Genau so müssen heute Gefangene der Rock-Musik ihre Schallplatten mit okkultem, gotteslästerlichem und schmutzigem Inhalt vernichten, wenn das Wort des Herrn mächtig in ihnen wachsen und die Oberhand gewinnen will (Apostelgeschichte 19, 20). Man kann sich nicht absichtlich und fortwährend gottlosen Einflüssen aussetzen und daneben lebendige Gemeinschaft mit Gott pflegen.

Ein Christ kann sich in persönlicher FREIHEIT und in biblisch prüfender Haltung Rock-Musik anhören, damit er überhaupt weiss, worum es geht. Ist ein Mensch aber Gefangener dieser Musik geworden, und setzt er sich täglich stundenlang diesen Klängen aus und lässt sich von der entsprechenden Lebenshaltung beeinflussen, braucht er dringend Befreiung! Mit der Finsternis der Rock-Welt kann man keinen Kompromiss schliessen! Die Erfahrung zeigt, dass junge Christen ihre Gemeinschaft mit Gott stark vernachlässigen, sobald sie sich intensiv dem Einfluss der Rock-Musik aussetzen. Der Christ braucht Befreiung von allem, was auch nur im entferntesten Gott betrüben könnte. *Ein reines Gewissen und eine ungetrübte, freudige Gemeinschaft mit Gott und den Mitmenschen* sind äusserst wichtig, sehr schön und so wertvoll, dass der gläubige Christ aus *Liebe* zu Gott alles Zweifelhafte meidet, um Christus zu gewinnen. Paulus ist hier ein klares Vorbild:

«Aber was mir Gewinn war, das habe ich um Christi willen für Schaden gerechnet; ja ich achte nun auch alles für Schaden gegenüber der alles übertreffenden Erkenntnis Christi Jesu, meines Herrn, um dessentwillen ich alles eingebüsst habe, und ich achte es für Unrat, damit ich Christus gewinne und in ihm erfunden werde.» *Philipper 3, 7-8*

Wie weit ELTERN bei ihren minderjährigen, von der Rock-Musik gefangenen Kindern eingreifen sollen und können, ist eine sehr schwierige Frage. Das Beste ist natürlich, die Jugendlichen lassen sich durch den Einfluss des Wortes Gottes und anhand sachlicher Gespräche die Freiheit von Christus schenken. Das vorliegende Büchlein soll gerade auch den Eltern ein verständnisvolles und begründetes Urteil ermöglichen. Eine Beratung mit reifen Christen, die zugleich erfahrene Eltern sind, kann ebenfalls weiterhelfen.

Den BEHÖRDEN, ERZIEHERN, THEOLOGEN, JOURNALISTEN sowie FERNSEH- UND RADIO-LEUTEN fehlt es oft an Unterscheidungsvermögen und Kraft, um den geistigen Mächten, die die Jugend zerstören, Widerstand zu leisten. Im Namen der Sachlichkeit und Wertneutralität schaut man in unserer pluralistischen Gesellschaft der schleichenden Zerstörung unserer jungen Generation tatenlos zu. Wie wird es herauskommen, wenn die heutigen Jugendlichen einmal Eltern, Advokaten, Lehrer, Politiker und Journalisten sind? Unter anderem werden sie die Spuren der Rock-Kultur in sich tragen.

An dieser Stelle sei daran erinnert, dass man die Rock-Kultur und ihren Einfluss auf die Jugend nicht losgelöst von unserem ganzen Zeitalter betrachten darf. Sie ist nur ein Merkmal unserer desorientierten und von gottlosen Einflüssen beherrschten Welt.

Der heutige Mensch fragt kaum mehr nach Gott. Es ist wie in den Tagen Noahs: *«Denn wie sie in den Tagen vor der Sündflut assen und tranken, freiten und sich freien liessen bis zu dem Tage, da Noah in die Arche ging, und nichts merkten, bis die Sündflut kam und sie alle dahinraffte, so wird auch die Wiederkunft des Menschensohnes sein» Matthäus 24, 38-39.*

Das Buch der Richter schliesst mit folgendem Vers: *«Zu jener Zeit war kein König in Israel; jedermann tat, was ihn recht dünkte» Richter 21, 25.*

Heute hat man Gott, den König aller Könige, zur Seite gestellt, und darum tut jedermann, was ihn recht dünkt und meint dabei, die wahre Freiheit gefunden zu haben. Welch ein Trugschluss!

Wie steht es mit den Christen? Leisten sie Widerstand? Haben sie Unterscheidungsvermögen? Treten sie mutig für Jesus Christus ein? Haben sie den Kontakt mit den Jugendlichen noch? Nehmen sie sich genug Zeit für sie? Können sie ihnen Ersatz bieten, wenn sie junge Leute von ungesunden Beschäftigungen abhalten? Komponieren und spielen sie zeitgemässe und gute Musik — Musik des Friedens? Die Ermahnung des Paulus an Timotheus gilt für alle Christen:

«Ich beschwöre dich vor Gott und Christus Jesus, der Lebendige und Tote richten wird bei seiner Erscheinung und bei seinem Reich: Predige das Wort, tritt dafür ein, es sei gelegen oder ungelegen; überführe, tadle, ermahne mit aller Geduld und Belehrung! Denn es wird eine Zeit kommen, da sie die gesunde Lehre nicht ertragen, sondern sich nach ihren eigenen Lüsten Lehrer anhäufen werden, weil sie empfindliche Ohren haben; und sie werden ihre Ohren von der Wahrheit abwenden und sie den Fabeln zuwenden. Du aber bleibe nüchtern in allen Dingen, erleide das Ungemach, tue das Werk eines Evangelisten, richte deinen Dienst völlig aus!» *2. Timotheus 4, 1-5*

VI. Die Rock-Welt der siebziger Jahre — Wie geht es weiter? Ausblick auf die achtziger Jahre

Die Disco-Welle

Der Soziologe Richard Peterson nennt die Disco-Welle den dritten dominierenden Pop-Musik-Trend des 20. Jahrhunderts — nach Jazz und Rock[1]. Der DISCO-SOUND ist eine Musik ab Tonband, die mit Mischpulten zusammengestellt wird: *«Die Seele wird gar nicht berücksichtigt. Allein der Macher am Mischpult bestimmt im Plattenstudio das Produkt. Die Interpreten sind auswechselbar»*[2].

Es geht hier nicht um ein Konzert einer bestimmten Band oder um einzelne Musikstücke, sondern um einen endlosen Musikstrom ab Tonband oder Platte, der aus den verschiedensten Stücken zusammengestellt ist. Die einzige Bedingung für die Qualität des Disco-Sound ist nach Toni Bongiovi der Erfolg: *«Ich will nur eins, dass die Leute tanzen. Wenn der Funke nicht zündet, wird die Nummer weggeschmissen*[3]. *Also kurze, prägnante Signalzeilen (Liedabschnitte), die sich auf der Tanzfläche ins Unterbewusstsein bohren und beim Wiederhören nach einem instrumentalen Mittelteil Glücksgefühle auslösen. Natürlich ist der infektiöse Rhythmus der schwarzen Ghettos die Basis der Disco-Musik geblieben — aber aufgehellt, leicht gemacht, mit weissen, europäischen Unterhaltungsklischees verschnitten»*[4].

Die Disco-Welt *«ist eine Welt der Sexualität und Sinnlichkeit, eine Welt von Spiel und Flucht, unwirklich, surreal, geboren aus einer neuen, immer stärker werdenden Tanzfieberwelle»*[5].

In Berichten über die Disco-Welle liest man folgende Kernsätze:

«Denn das 'Studio 54' (eine Discothek in New York City) *ist... ein Tempel für Gott Narziss*[6] *und die Kathedrale des weltweiten Disco-Kults.» «'Unsere Gäste', sagt Rubell, 'kommen zu keiner Show, sie sind die Show.'» «Riesige Spiegelwände reflektieren diese Orgie aus Farbe, Bewegung und Licht, aber in erster Linie sieht jeder nur sich.»* Nach der Rock-Musik, die passiv angehört wird, bringt man in der Disco den Körper wieder auf die Beine: *«Der Körper wird als Musikinstrument wiederentdeckt... die Zahl der Teilnehmer an der gesteuerten Ekstase wächst zusehends»*[7].

«Der Leiter einer Discothek, in der vorwiegend die junge Arbeiterklasse verkehrt, sagte einmal: 'Sie kommen, um die guten Dinge zu feiern und die schlechten zu vergessen. Für ein paar Stunden in der Woche können sie sich gehen lassen; sie bewegen sich nur und lassen sich von der Musik die Köpfe füllen, so dass alles andere hinausgefeuert werden kann. Für kurze Zeit können sie ihrem Leben entrinnen'»[8].

Alle Gäste der Disco *«haben eines gemeinsam: den zwingenden Wunsch, ihre Hemmungen über Bord zu werfen und möglichst viel auch von ihrer zweiten Haut in einer nächtelangen Feier von Nonstop-Musik und ständiger Bewegung.*

Alter, Rasse, Farbe, Tanz oder sexuelles Verlieben sind egal; irgendwo ist für jeden eine Discothek, für die Schwarzen, die Weissen, die Lateinamerikaner, für Leute, die Betrieb wollen, und für die andern vom Freistil, für die Arbeiter vom blauen und vom weissen Kragen und für die sehr Reichen, die nicht arbeiten»[9].

Die Zeitschrift *«Hobby»* stellte Anfang Januar 1979 die *«Disco Number One»* mit dem grössten transportablen Basshorn der Welt vor. Sie befindet sich in Zürich: *«'John Travolta' und 'Saturday Night Fever' sind das Heisseste nach Elvis Presley und den Beatles. Die absolut verrückteste Disco wurde jetzt in Zürich eröffnet.»*

«Im Farben- und Musikrausch der Disco vergisst man sich und die Sorgen der Welt.» «Wer in die Disco geht, will Musik körperlich erleben.» «In der Disco wird jeder zum Star.»

« Vier Milliarden Figuren kann der Super-Laser von Zürich in den Tanzsaal zaubern. Im Rhythmus der neuesten Disco-Scheiben zucken die farbigen Strahlen durch den Raum und verwandeln das 'Number One' in einen Rausch von Licht und Farben — die totale Illusion. »

Diese totale Disco-Illusion wird mit starken Lautsprechern, farbigen Halogenlampen für Lichteffekte, Lichtorgeln, Laserstrahlen, rotierenden Spiegelkugeln, beweglichen Spiegeln und Rauchmaschinen mit Trockeneis für Wolken geschaffen[10].

In Wetzikon (Zürcher Oberland) ist das Disco-Fieber so gross, dass jedes Wochenende Hunderte von Jugendlichen vor verschlossenen Türen stehen, denn die Disco fasst nur 170 Personen[11].

Siegfried Schmidt-Joos[12] gibt uns einen Einblick in die grösseren Zusammenhänge der Disco-Welle mit der übrigen Pop-Welt:

«Elvis Presleys Rock'n'Roll-Rebellion in den Fünfzigern erstickte schon nach drei Jahren in einer Flut seichter Massenware von ausschliesslich kommerziell motivierten Sängern und Teams. Und die goldenen Sechziger der Beatles, der Stones, Bob Dylans sowie ihrer Mitstreiter hinterliessen den totalen Kahlschlag und eine bei aller klanglichen Vielfalt komplette Richtungslosigkeit.

Da ist es nur folgerichtig, dass nun aus der vom Schaugeschäft übertünchten Leere, aus all den Äusserlichkeiten der Rock-Vermarktung — Künstlermaskeraden, Lichtspiele, Verstärkerterror — eine auf pure Dekoration angelegte Massenunterhaltung wächst: Disco-Kultur als Art Deco (Dekorations-Kunst). Niemals zuvor war die Kluft zwischen Bühne und Parkett so gering wie in der modernen Discothek. Der zahlende Gast ist zum Darsteller aufgerückt. Bloss noch ein Soundtrack (Tonspur) und Scheinwerfer sind zu dieser Show erforderlich — die allerdings sind kostspielig genug. Disco ist das Produkt eines sprachlosen Jahrzehnts; sprachliche Kommunikation kann im Phon-Hagel der Discothek gar nicht stattfinden. Für erotische Botschaften, sofern überhaupt erwünscht, reichen Bewegungssignale und der Blick-

kontakt. Wenn bereits an der Pforte des 'Studio 54' sowie vergleichbarer Etablissements das Outfit (das Aussehen, die Verkleidung) als Auswahlkriterium gilt, gedeiht naturgemäss ein Verkleidungskult. Der Mensch wird zum Plakat seiner selbst: höchster Triumph der Werbe-Ideologie»[13].

Der Disco-Lebensstil im Gegensatz zur christlichen Lebenshaltung

William Pitt schreibt folgendes:

«Es wurde schon viel gesprochen und geschrieben über den Terror an der Tür der besser bekannten Discotheken. Das Elitebewusstsein und die Auswahl haben schon mehr als einen Mann erzürnt. Filmstars, Politiker und einige der reichsten Leute der Welt wurden an den Türen abgewiesen; also seien Sie nicht allzu böse, wenn es Ihnen auch passieren sollte»[14].

Um in diese Discotheken Einlass zu finden, gibt Kitty Hansen Ratschläge für ein «TÜRSPIEL»: wie man es spielt und — vielleicht — gewinnt[15].

Obwohl dieses Türspiel eine Rand-Erscheinung der ganzen Disco-Welle ist, zeigt es doch den klaren Gegensatz des Disco-Lebensstils zum biblischen Christentum. Wir wollen ihn kurz darstellen:

Regeln des Türspiels	***Merkmale der christlichen Lebenshaltung***
1. Schön sein *(Eine sorgfältige und kluge Elternwahl ist unbedingt notwendig!)*	***Gott kann Schönheit schenken*** *«Kinder sind eine Gabe Gottes.»* *Psalm 127, 3*
	Schönheit ist vergänglich *«Anmut besticht und Schönheit vergeht; ein Weib, das den Herrn fürchtet, soll man loben.»* *Sprüche 31, 30*

2. Stilvoll sein	***Nicht äussere, sondern innere Schönheit ist wichtig***
(Gemäss dem höchsten Standard der teuren Modezeitschriften.)	*«Euer Schmuck soll nicht der äusserliche sein, mit Haarflechten und Goldumhängen und Kleideranlegen, sondern der verborgene Mensch des Herzens mit dem unvergänglichen Schmuck eines sanften und stillen Geistes, welcher vor Gott wertvoll ist.»* 1. Petrus 3, 3-4
3. Jemanden kennen	***Bekannte nicht zu egoistischen Zwecken ausnützen***
(Beziehungen haben.)	*«Tut nichts aus Parteigeist oder eitler Ruhmsucht, sondern durch Demut achte einer den andern höher als sich selbst.»* Philipper 2, 3 *«Seid gleichgesinnt gegeneinander!»* Römer 12, 16a
4. Einen Presse-Agenten nehmen, um in der Zeitung zu erscheinen.	***Bescheidenheit, keine Ruhmsucht*** *«Tut nichts aus Parteigeist oder eitler Ruhmsucht.»* Philipper 2, 3a *«Trachtet nicht nach hohen Dingen, sondern haltet euch herunter zu den Niedrigen; haltet euch nicht selbst für klug.»* Römer 12, 16b *«Der Ehre geht Demut voraus.»* Sprüche 18, 12
5. Bizarr auftreten	***Natürlich auftreten, keine Maske tragen***
(Mit Kostüm und Verkleidung Theater spielen.)	*«Herr, frühe wollest du meine Stimme hören;... denn du bist*

nicht ein Gott, dem lockeres Wesen gefällt.» *Psalm 5, 4-5*
«Aber die Frauen sollen in würdiger Tracht erscheinen, sich sittsam und bescheiden benehmen und nicht prunken mit künstlichen Haarflechten, Goldgeschmeide, Perlenschmuck oder kostbarer Kleidung.»
1. Timotheus 2, 9 (Albrecht)

6. Präsenz entwickeln
(Elitehaft und selbstsicher auftreten.)

Kein Aufschneidertum, keine Prahlerei
«Die Prahler bestehen vor deinen Augen nicht.» *Psalm 5, 6a*

7. Auftritt im grossen Stil
(z.B. mit Rolls-Royce und Chauffeur vorfahren.)

Zurückhaltung, Demut, Geduld, Freundlichkeit, Dienst am Nächsten
«Ziehet nun an... herzliches Erbarmen, Freundlichkeit, Demut, Sanftmut, Geduld.» Kolosser 3, 12
«Denn auch des Menschen Sohn ist nicht gekommen, um sich bedienen zu lassen, sondern um zu dienen und sein Leben zu geben als Lösegeld für viele.»
Markus 10, 45

8. Arroganz

Demut
«Denn Gott widersteht den Stolzen, den Demütigen aber gibt er Gnade.» *1. Petrus 5, 5b*

9. Ein Gesellschaftsaufsteiger sein
(Viele Leute kennenlernen.)

Sich Freunde schenken lassen und keine Augendienerei betreiben
«Ein Freund liebt jederzeit, und in der Not wird er als Bruder geboren.» *Sprüche 17, 17*

«Wer viele Gefährten hat, gefährdet sich selbst; aber es gibt einen Freund, der anhänglicher ist als ein Bruder.» *Sprüche 18, 24*

«Ihr Knechte, gehorchet in allen Dingen euren leiblichen Herren, nicht mit Augendienerei, um den Menschen zu gefallen, sondern mit aufrichtigem Herzen, als solche, die den Herrn fürchten.»

Kolosser 3, 22 (z.T. Albrecht)

10. Zurück zu 1.: Schön geboren sein	***Vorwärts gehen und zu einem reifen Christen heranwachsen Nicht im Kreise herumgehen*** *«Sondern dass wir, wahrhaftig in der Liebe, heranwachsen in allen Stücken in ihm, der das Haupt ist, Christus.»* *Epheser 4, 15*

Wir können diese zehn Punkte mit einem Gegensatz zusammenfassen:

Selbstvergötterung Egoismus	***Liebe zu Gott Liebe zum Nächsten*** *«Jesus sprach zu ihm: 'Du sollst den Herrn, deinen Gott, lieben mit deinem ganzen Herzen und deiner ganzen Seele und mit deinem ganzen Gemüt (oder Denken).' Das ist das erste und grösste Gebot. Ein anderes aber ist ihm gleich: 'Du sollst deinen Nächsten lieben wie dich selbst.' An diesen zwei Geboten hängt das ganze Gesetz und die Propheten.»* *Matthäus 22, 37-40*

Der Punk-Rock

In England entstand etwa 1976 ein neuer Trend in der Rock-Musik: der Punk-Rock. Tibor Kneif beschreibt die Entwicklung folgendermassen:

«Der ursprünglich abwertende Begriff Punk (s.v.w. Abfall, Schund, auch Vorstadtjunge) gelangte um 1976 zu unerwarteten Ehren. Mit ihm wurde eine lärmende, monoton wirkende, mit maschineller Gleichförmigkeit durchgeschlagene Musik bezeichnet, deren Ursprünge in den suburbanen Pubs liegen und deren Hervorbringer wie begeisterte Anhänger aus verwilderten, zumeist arbeitslosen Jugendlichen der Grossstädte bestehen. Dank vielen amerikanischen wie englischen, bis dahin gar nicht existenten oder ganz unbekannten Kleinst-Labels wurde diese Musik in Single-Format verbreitet. Die gewollte Primitivität der Musik und die aggressiven Texte waren Symptome der wirtschaftlichen und moralischen Krise einer Gesellschaft, die sich zum einen durch Überfluss und durch passiven, unersättlichen Warenkonsum, zum anderen durch Arbeitslosigkeit und Überfremdung kennzeichnet. Rassistische und faschistoide Anschauungen sind in manchen Songtexten enthalten. Die Sympathie mit Brutalität kam in den um den Hals getragenen Hundeketten, in den mit Sicherheitsnadeln durchstochenen Ohren, in den grellen Haarfarben und im Tragen von Nazi-Emblemen zum Ausdruck, besonders in England, wo die in jeder Hinsicht extremen Sexpistols eine demonstrative Anhängerschaft um sich versammeln konnten. Punk in dieser wilden Frühphase war in den USA künstlerisch interessanter, abwechslungsreicher und als Strömung insgesamt früher als in Grossbritannien (Ramones, Gruppen in Max's Kansas City, New York und in CBGB's, gleichfalls in New York)»[16].

Der «Tages Anzeiger» berichtet weitere Einzelheiten:

«Punk-Rock ist, gemäss der Urdevise ihres Erfinders Mc Laren, musikalisch völlig uninteressant — alles kann 'Punk'-Rock sein, was laut, aggressiv und unfreundlich klingt, solange diejenigen, die den Lärm erzeugen, 'Punks' sind. Allgemeine musikalische Linie ist lediglich etwas, was sich an

dem in den frühen sechziger Jahren aufgekommenen 'Hard Rock' orientiert: überlaute, 'schmutzig' gespielte Gitarren-Riffs, seltene Soli — weil die Fähigkeit dazu fehlt — Stücke, die zumeist aus höchstens zwei oder drei Harmonien bestehen. 'The Damned' (Die Verdammten), *'The Clash'* (Der Zusammenstoss), *'The Electric Chairs'* (Die elektrischen Stühle) *oder 'The Lurkers'* (Die versteckt Lauernden) *lassen sich musikalisch nicht in ein Schema einordnen»*[17].

Mc Laren hatte den Grundsatz, eine Rockband müsse man nicht auf Grund ihrer Musik, sondern auf Grund ihres Aussehens verkaufen. Und dieses Aussehen habe möglichst verrückt zu sein. Die Punks haben Lust an der Provokation: *«Accessoires wie durch die Wange gesteckte Sicherheitsnadeln, 'Schmuck' wie Ketten aus Büroklammern, ins Gesicht gemalte Hakenkreuze und vor allem immer wieder provokative Song-Texte bringen einer erschrockenen älteren Generation das Grausen bei — zum Spass der 'Punks' und zur Freude ihrer Manager. So üben sich etwa die 'Stranglers' (Die Würger) in Gewaltverherrlichung, vornehmlich gegen Frauen»*[18]. Die *«Sex-Pistols»* waren die erste erfolgreiche Punkband. Ihre erste Platte hiess *«Anarchy in the U.K.»* (Anarchie im Vereinigten Königreich). *«Der wütende, hasserfüllte, laute und musikalisch kaum zu klassierende Song war das Epos* (Heldengedicht) *eines selbsternannten 'Antichristen', der alles zerstören will. Die Platte wurde von der BBC* (engl. Radiogesellschaft) *sofort aus allen Programmen gebannt»*[19].

Eine englische Zeitschrift beschrieb den Punk-Rock als eine *«Jugendverschwörung, die Sadismus, Revolution, Gewalt und Schmutz verherrlicht»*[20].

Der Punk-Rock zeigt eindeutig, was auf dem gottlosen Fundament der Rock-Musik alles möglich ist. Der Weg in den Abgrund zu immer schlimmeren Scheusslichkeiten ist offen! Das beweisen z.B. die Gruppe «KISS»[21] mit ihrer abscheulichen Kostümierung und auch NINA HAGEN und ihre Band. Nina Hagen wütete und kapriolte Ende März 1979 in Zürich auf der Bühne des Zürcher Volkshauses herum. Sie singt, kreischt und brüllt bei ihren Auftritten. Sie betrachtet sich nicht als Punk, aber sie ist eine wandelnde Provokation, sie schreibt provozierende, freche Texte. Sie zieht in den Schmutz, was das menschliche Zusammenleben schön und angenehm macht[22].

Der folgende Zeitungsbericht vom 20. August 1979 zeigt, wie schnellebig die Rock-Szene ist:

Londons Teenager wollen zu den 60er Jahren zurück

«Das gab es nur zu den Zeiten der Beatles, Small Faces und der frühen Who: Vor Londons berühmtem Musik-Live-Lokal 'Marquee' stehen die Teenager Schlange, in schicken Anzügen, weissen Hemden mit dünnen Krawatten, spitzen Halbschuhen und ab und zu mit einer weiten, grünen Regenjacke (Parka) darüber. Auch die kurzen Haare erinnern an die mittleren sechziger Jahre; einige kommen mit Lambrettas und Vespas angerollt. Englands schicke Halbstarke, die Mods, sind zurück. Und hinter diesen einst so unzähmbaren Modern-Boys, die 1964 Englands Seebäder unsicher machten, wittern die Leute vom 'Business' ihren nächsten grossen Erfolg.»

Vom Punk zum Skin — vom Skin zum Mod

Phil (18 Jahre alt und früher Punk) kehrte dem *Punk* den Rücken und scherte sich die Haare ab. Damit war er ein *Skin.*

«Die kahlköpfigen Skins konnten sich im letzten Jahr stark ausbreiten. Es sind schlimme Schläger-Typen, die in wilden Horden und jetzt oft mit dem 'British Movement' (englische Jungfaschisten) zusammen auftreten...

Das Abschiedskonzert der Sham 69 im 'Rainbow' wurde zur Machtdemonstration der Neofaschisten. Wer kein Skin war, wurde verprügelt. Es war die reine Hölle: Hitler-Grüsse, Schlagringe und Sieg-Heil-Songs. Nach 15 Minuten mussten die Sham 69 die Bühne räumen. Am nächsten Tag ging es weiter. Horden von Skins stürmten das Free-Concert im Gladstone Park. Als diese Gewalttaten begannen, war unser

Phil längst kein Skin mehr. Im Februar wechselte er zu den Mods, die nach dem JAM-Konzert in Paris entstanden...»
Die Mods lehnen politisches Engagement entschieden ab. Die Mod-Gruppe Parkas sagt über die Punks: *«'Diese sind politisch, gegen die Gesellschaft und degeneriert. Wir nehmen nur die Energie des Punk.' Damit ist auch das Erfolgsrezept der Mod-Gruppen genannt. Sie schöpfen aus dem melodiösen Beat der sechziger Jahre und spielen ihn schneller und härter...*
Bleibt noch die Frage: Kommt die Mod-Welle auch auf den Kontinent?...
Die 'Squire' (Kavaliere) *sagen es für einmal richtig: 'Bewegungen dieser Art setzen sich nur in England durch. Die Kleider und auch unsere Musik werden zwar Europa überfluten. Aber diese Leute werden nie echte Mods sein'»*[23].

Der Rock-Film-Boom

Zur Rock-Szene von 1979 gehört auch der *Rock-Film-Boom:*

«Der gegenwärtige Rock-Film-Boom hat uns schon viel Schlimmes beschert: 'Grease' (Fett, Schmiere), 'FM', 'Thank God it's Friday' (Gott sei Dank ist es Freitag), und Schlimmes steht uns noch bevor. Seitdem auch mit der Filmmusik das grosse Geld zu machen ist — die Bee Gees verhalfen mit einer Million verkauften Platten von 'Saturday Night Fever' (Das Samstag-Nacht-Fieber) erstmals einem Film zu einem riesigen Vorerfolg, der dann seinerseits wieder die Schallplatte förderte — stürzen sich die Produzenten auf die profitable Kombination Film und Platte und verquanten von Hard Rock, Folk Rock, Pop und Disco in meist idiotischen, jugendsicheren Streifen wahllos jeden Musik-Trend, der eine Chance hat, bei den Jugendlichen anzukommen. Denn auf sie, respektive ihr Taschengeld, hat man es abgesehen»[24].

New Wave: Neue Welle oder Neue Musik

Tibor Kneif beschreibt den Übergang vom Punk zu New Wave mit folgenden Worten:

«Schon 1977 zeigte sich, dass Primitivität sich auf die Dauer nicht als eine künstlerische Revolution verkaufen lässt. Als richtunggebend traten nunmehr einige Formationen hervor, die zwar den harten, durchgepeitschten Schlag und das hektische Zeitmass (des Punk-Rock) *beibehielten, aber in musikalischer Hinsicht fesselnde Experimente mit dem Tonmaterial und mit neuen Ausdrucksbereichen vorführten. Mit Recht distanzierten sich diese Musiker von ihren dilettantischen Punk-Kollegen und nahmen lieber die Bezeichnung New Wave zur Charakterisierung ihrer Musik hin. Entgegen dem schlechten Ruf des Punk verdienen diese Gruppen, ernst genommen zu werden; man kann an sie sogar die Erwartung knüpfen, dass sie einen neuen Zeitabschnitt in der Rockgeschichte einleiten. Manche Aufnahmen von Pere Ubu, Richard Hell und Devo in den USA, von Stranglers, Ultravox, Radio Stars, XTC und Magazine in England (um nur einige wenige Namen zu nennen) setzen Dekadenz à la Roxy Music als vergangene Erfahrung voraus, doch sind die eigenen Stilmittel auf Deutlichkeit, Härte und mitunter auf Witz abgestellt. 'Konstruktiv' wirkt die neue Musik dennoch nicht, vielmehr verkörpert sie zuweilen — wie bei Devo, Pere Ubu und Ian Dury — musikalischen Dada. Wer vom traditionellen Kulturrock (Genesis, Yes, Gentle Giant u.a.) nichts Neues mehr erwartet, findet zu den ...* (New Wave) *Platten unschwer Zugang»*[25].

Der folgende Zeitungsbericht zeigt einmal mehr, wie eng die Rock-Musik und die Rock-Kultur mit einem entsprechenden Lebensstil zusammenhängen:

«New Wave» als Lebensstil

«Zum zweitenmal wurde in San Francisco das zehntägige 'The Western Front'-Festival abgehalten; es umfasste Veranstaltungen auf zwölf verschiedenen Bühnen, Sälen oder Vortragsräumen. Die Anlässe standen alle unter dem Zeichen der 'New Wave' — ein Begriff, der in Europa fast ausschliesslich für eine bestimmte Schattierung von Rockmusik verwendet wird. Ganz anders, viel weiter gefasst verstehen die Organisatoren und das angesprochene Publikum diesen Ausdruck.»

«'New Wave' in San Francisco heisst nicht nur Musik', erklärt Regan McMahon, Redaktorin des 'BAM'-Magazins, der wichtigsten Publikation über Popmusik in Kalifornien. 'Es beginnt mehr und mehr ein Lebensstil zu werden, der sich allerdings nicht so genau umreissen lässt wie jener der Hippies, der Bewegung vor zwölf Jahren, die viele Parallelen zur jetzigen 'New Wave' aufweist.' So traten neben den sechzig Rockgruppen, die zur Hälfte aus San Francisco selber stammten, Künstler in Erscheinung, die mit Rockmusik wenig oder nichts zu tun hatten»[26].

Wie geht es weiter?

Klassik, Nostalgie, Schaffen und Experimentieren, Avantgarde

In allen Bereichen der Kultur sind verschiedene Entwicklungen zu beobachten: das Klassische bleibt bestehen und erfreut sich stetiger Beliebtheit. Dazu kommen die Nostalgiewellen, die von Zeit zu Zeit Vergangenes zu neuem Leben erwecken. In der Gegenwart schillert die vielfältige Palette des künstlerischen Schaffens und Experimentierens — gefächert vom gemässigten Flügel bis hin zu den verrücktesten progressiven Spielereien. Einen besonderen Platz nimmt dabei die in neue Richtungen weisende Avantgarde ein; sie entwickelt an vorderster Front revolutionäre und schockierende Ideen, von denen manche erst nach Jahren zum Durchbruch kommen und ihre Früchte tragen.

Die Entwicklung der Rock-Musik ist ebenfalls diesen Gesetzen unterworfen: Die Rock-Klassiker der sechziger Jahre liegen in jedem Plattengeschäft auf und Rock-Filme pflegen unter anderem die Nostalgie. In der gegenwärtigen Szene gibt es den Soft-Rock und den Hard-Rock: Einerseits ist eine leicht eingängige und sehr populäre Musik, wie etwa die der ABBA, beliebt, andererseits gibt es den extremen Flügel mit all seinen Scheusslichkeiten, wie etwa den Punk-Rock und Nina Hagen.

Es ist auch vorauszusehen, dass die mit der Magie verbundenen Rock-Gruppen, wie etwa CAN, KISS, und andere, sich immer tiefer in den Okkultismus verstricken werden, womit die verhängnisvolle Verschmelzung von Satanismus, Dämonie, östlichen Religionen, Gewalt und Unreinheit aller Art vorangetrieben wird.

Die Avantgarde wird nicht zu ruhiger und erbauender Musik zurückkehren, denn das widerspricht den Grundsätzen der Rebellion und den Geld- und Industrie-Interessen. Die Lebensgier, die Vergötzung des Lustprinzips, das Gefühl der Sinnlosigkeit und der Hang zu Gewalt rufen nach einer unaufhörlichen Reizsteigerung, auch wenn diese in die Selbstzerstörung führt.

Unter dem Namen «Kunst» ist heute alles erlaubt

Heute haben viele Menschen ein gespaltenes Verhältnis zu den Lebensbereichen «Kunst» und «Alltag».

Kunst ist in der modernen westlichen Welt zu einer neuen Religion geworden:

- Der Künstler entspricht dem PRIESTER,
- seine Sendung der Sinn- und Zielgebung für die Gesellschaft der MISSION,
- das Kunstwerk der PREDIGT,
- das Atelier, das Museum, das Theater, das Kino und der Konzertsaal dem TEMPEL und
- der Kunstfreund dem GLÄUBIGEN[27].

Im Rahmen dieser modernen Form des Götzendienstes werden nun Dinge akzeptiert, die man im Alltag voller Empörung von sich weisen würde: Benähme sich die Serviertochter oder die Schalterbeamtin gegenüber den Kunden so unflätig, wie sich unter anderen Nina Hagen und Wendy Williams im «Konzert» produzieren, würde man die beiden ersteren einklagen, was mit Nina und Wendy leider niemand tut — im Gegenteil, sie werden von «Kunstkritikern» in namhaften Tageszeitungen zum Teil noch gemischt positiv-negativ, um nicht zu sagen wohlwollend, beurteilt!

Ausblick auf die Neue Musik der achtziger Jahre: Punk und New Wave

Es ist bedeutsam, dass im Ausblick auf die achtziger Jahre gleich zwei Autoren Punk und New Wave als die zukunftsträchtigste Musik sehen[28]. Eckhart Schmidt schreibt in der Einleitung zu seinem Artikel «*Musik für die 80er Jahre*» folgendes:

«*Die Szene ist von unglaublicher Vitalität und Vielfalt. Und die Verdrängungsmechanismen der Medien funktionieren heute so perfekt, dass nicht einmal die Spitze dieses 80er-Jahre-Eisbergs ins Bewusstsein der potentiellen Interessierten gedrungen ist. Die Ängste, die sich in der Musik der 80er Jahre und in der Gestik der zerstörerisch-selbstzerstörerischen Sicherheitsnadel durch die Wange manifestieren, lassen sich auf Dauer nicht verdrängen und totschweigen. Sie könnten sich, wenn die Medien ihrem Publikum das Material der dritten Rock-Generation nicht glauben zumuten zu können, in einem mörderischen und selbstmörderischen Ausbruch des Irrationalen entladen. Punk und New Wave sind die Seismographen kommender Beben*»[29].

Eckhart Schmidt fährt weiter und sagt: «*Die Punk-Revolution, die dritte Rock-Revolution nach dem Rock'n'Roll und dem Beat-Rock, ist wahrscheinlich die breiteste Revolution der Rock-Geschichte*»[30].

Er nennt vier Merkmale der Neuen Musik:

Neue Musik: Anarchistisch: Die Sex-Pistols

«*Sie praktizierten die Geste narzisshafter Selbstzerstörung und anarchischer Rebellionen im gleichen Atemzug. Sie blieben der Irritation ihres Aufbruchs auch noch treu, als sie sich schon zertrümmert hatten*»[31].

«*Auf ihrer ersten LP explodieren Songs wie 'Anarchy in the UK', in dem es heisst: 'Ich bin der Antichrist, ich bin ein Anarchist, ich weiss nicht, was ich will, aber ich weiss, wie ich es kriegen kann'*»[32].

Im Refrain auf der gleichen Platte heisst es unter anderem: *«Es gibt viele Wege, das zu kriegen, was du willst — Ich nehm das beste, ich nehm den Rest. Ich benutze den Feind, ich benutze Anarchie, ich möchte die Anarchie sein!»* [33].

«Sid Vicious, heroinsüchtiger Bass-Gitarrist der SEX PISTOLS, erstach in New York seine ebenfalls drogenabhängige Freundin Nancy und fixte sich selbst in den Tod, nachdem er gegen Kaution aus der Untersuchungshaft entlassen worden war» [34].

Eine Freundin von Vicious sagte über ihn: *«Sein Fehler war, dass er zu dem werden wollte, was er sich zum Image auserkoren hatte: Vicious* (bedeutet: lasterhaft, verwerflich, boshaft), *grausam, kalt, kaputt, der schwarze Todesengel. Sein Idol waren die Stones...»* [35].

Neue Musik: Realistisch: XTC, The Stranglers, The Clash

«Ein früher Ansatzpunkt des Punk-Rocks war der Befreiungs-Versuch von ganz konkreten Unterdrückungsmechanismen und der Protest gegen die Trostlosigkeit des Lebens in freudlosen Gross- und Industriestädten» [36].

Neue Musik: Mystisch

«Aggression nach aussen, Aggression nach innen. Die Apokalypse der Aussenwelt und der Innenwelt. Schablonen des äusseren Verhaltens und Schablonen der Gefühle, Reaktionen und Ansichten — die Neue Musik in England und in den USA versuchte von Anfang an in beiden Richtungen die überkommenen Denkmuster abzubauen und neue Kontinente zu entdecken. Nicht nur die falschen Symbole der Gesellschaft sollten demontiert werden, am Pranger stehen auch die Lügen, mit denen das Ego lebt. Den Protagonisten der Neuen Musik ist klar, dass nach der Zerstörung der alten Ideale keine neuen Ideale mehr die Runde machen sollten.

Ihre Hoffnung: die Geburt eines neuen Menschen, der nicht die Augen vor der Welt und vor sich selbst verschliesst, der sich nicht betäuben und verführen lässt, der in sich ein Territorium entdeckt, das Jahrhunderte lang nicht mehr begangen wurde. Was der mystische Blick in die eigene Seele zutage fördert, kann ein Horror-Trip, ein Alptraum oder eine euphorische Entdeckungsreise sein. Der Breakdown, die Zerstörung des äusseren Menschen aber ist die Voraussetzung für den Aufbruch, für die Erkenntnis, dass man das Rationale seines Bewusstseins und das Irrationale in sich selbst gleichermassen handhaben muss, um mit den Herausforderungen der Zukunft fertig zu werden»[37].

Neue Musik: Futuristisch

Die futuristischen Rock-Gruppen entdecken *«die Schönheiten und die Schrecken dieser und der kommenden Zeit, sie sehen den Menschen als Evolutions-Maschine, die sich den veränderten Bedingungen anpassen wird oder untergehen muss. Sie zeigen, wo es langgeht und versuchen ihr Publikum mit den Methoden des artifiziellen Lebens zu konfrontieren. Wollt ihr so werden, wie wir uns euch schon jetzt präsentieren, wollt ihr werden wie perfekt funktionierende Roboter, die sich auf ein beschränktes Arsenal von Gesten und Emotionen reduzieren müssen, oder wollt ihr auf der 'Plastik zusammenbrechen' als untergehende Spezies. Als die Dinosaurier des Individualismus und Humanismus... »*[38].

Gefühlsausbruch am Anfang der achtziger Jahre

Ingeborg Schober spricht von einem Gefühlsausbruch am Anfang der 80er Jahre. Zu ihrem Artikel *«Maskulin/ Feminin»* schreibt sie folgende Einleitung:

«Nirgends wird so freizügig über Sex gesprochen, nirgendwo wird er so offen gezeigt wie in der Rockmusik. Die Befreiung von Tabus ging Hand in Hand mit der Rockmusik und scheinbar auch die Emanzipation. Niemand scheint die Gleichberechtigung so wörtlich zu nehmen und verwirklichen zu wollen wie Rockmusiker und deren Gefolgschaft — zumindest, wenn man von ihrem Vokabular ausgeht. Doch nirgendwo wurde gleichzeitig die alte, bestehende Ordnung

so geschickt und konstant aufrechterhalten, wurden überlieferte Rituale verteidigt und unter dem Mäntelchen des Fortschritts unters Volk geschmuggelt. Hier der Aufruf zur Befreiung, da die Verherrlichung des Traditionellen — ein Widerspruch? Ja und nein. Denn wie keine andere 'Kunst'- und 'Kulturform' spiegelt die Rockmusik die schizophrene und doppelmoralische Situation der Gesellschaft wider: einerseits als vorausgreifende, kritische Avantgarde, andererseits als unbeirrbare, stagnierende Reaktionäre»[39].

Wir brauchen eine neue Sprache für den Rock der achtziger Jahre!
Weg vom Gängigen! Ran an die Grenzen!

Simon Frith geht in seinem Artikel *« Wir brauchen eine neue Sprache für den Rock der 80er Jahre»* ebenfalls auf die Punk-Revolution ein: *«Punk als Musik der Basis (oder Subkultur). Dies bezog sich auf das Publikum. Man ging davon aus, dass diese Musik Klassenbewusstsein ausdrückte/symbolisierte — das Bewusstsein jugendlicher Arbeiter»*[40].

Durch diese Definition des Punk-Rocks entstand eine Verbindung zur Politik: *«In der Argumentation der Linken war Punk ein Schritt hin zur Entwicklung eines politischen Klassenbewusstseins, und diese Sichtweise stützte sich auf die Überzeugung, Punk sei als Massenmusik Spiegelbild der Wirklichkeit, somit selber ein Stück Wirklichkeit»*[41].

Die neuen Ausdrucksformen waren *«der verwirrendste Aspekt am Punk. Die Texte verspotteten Romantik, Schönheit und Gefälligkeit der gängigen Rock- und Pop-Texte. Das Auftreten (gefärbte Haare, Sicherheitsnadel) und der Sound (besonders der Gesang) wollten schockieren, provozieren. Doch ziemlich bald wurde klar, dass Punk-Rock, durch den Anspruch, Wirklichkeit zu singen und durch wiederkehrende Akkorde und rhythmische Grundmuster beschränkt war und Regeln des alten Rock'n'Roll folgte. Deshalb spaltete sich Punk 1977: in Gebrauchspunk und Punk-Avantgarde»*[42].

Simon Frith schliesst: *«... die künftige Aufgabe für Musiker wie für Kritiker wird sein zu erklären, wie Wirkungen produziert werden. Avantgarde-Rocker haben das gleiche Anlie-*

gen wie andere Avantgardisten auch: nämlich Kunstformen zu zerlegen. Aber sie sind zugleich auch Punks und somit dafür meist technisch nicht sonderlich versiert und nicht empfindsam genug. Punk (anders als der progressive Rock der 60er) stellt noch nicht einmal den Anspruch, Elite zu sein. Was Bands wie POP GROUP progressiv sein lässt, liegt bislang in der höchst exzentrischen politischen Entscheidung, Musik über Musik zu machen. Deshalb wird sich das Hauptaugenmerk in den 80ern nicht so sehr auf Ausverkauf, Firmenpolitik, Unterhaltung richten, sondern eher auf Isolation, Unpopularität, die Randbereiche. Und der Rock-Kritiker hat mit einem Mal wieder eine sehr entscheidende Aufgabe. Er muss erklären, warum diese Musik so wichtig ist. Noch gibt es keine Fixpunkte. Die Aufgabe wird sein: weg vom Gängigen! Ran an die Grenzen!»[43].

Besteht ein Zusammenhang zwischen Hard-Rock und Jugendunruhen?
Wie geht es weiter in den achtziger Jahren?

Folgende Ausdrücke aus den obenstehenden Zitaten sprechen eine deutliche Sprache:

Ängste, Zerstörung und Selbstzerstörung; Mord und Selbstmord; Ausbruch des Irrationalen; Anarchie; Unterdrückung und Befreiung; Aggression; Zerstörung der alten Ideale, keine neuen Ideale; der mystische Blick in die eigene Seele als Horror-Trip, Alptraum oder euphorische Entdeckungsreise; Zerstörung des äusseren Menschen als Voraussetzung für den Aufbruch; der Mensch als Evolutions-Maschine und Roboter; Schizophrenie und Doppelmoral; Schock und Provokation; Isolation, Unpopularität, Randbereiche — weg vom Gängigen! Ran an die Grenzen!

Wir sind erschüttert und stehen betroffen vor dem Bild der Zukunft, das sich ein Teil der heutigen Jugend selber malt: Punk und New Wave zeigen als Seismograph eine Katastrophe an!

Diese Katastrophe hat schon ihre Vorboten:

WENN die scheussliche Punk-Gruppe *«Plasmatics»* anfangs 1981 im Zürcher Volkshaus ihre Show von Gewalt, Perversion und Schrecken zeigt (die Zerstörung von Cadillacs und Fernsehapparaten, sowie «Solopartien» von Motorsäge und Maschinenpistole gehören zu ihren Spezialitäten);
WENN die Zuhörer dieses Konzert abbrechen, indem sie die Musiker mit gezielten Flaschenwürfen von der Bühne jagen[44];
WENN Konzertbesucher nachher in einem Radiointerview sagen, es sei gut gewesen, dass sie im Volkshaus zerstören durften, denn das sei ja schliesslich die Botschaft der «Plasmatics», die auch ernten sollen, was sie säen;
WENN anlässlich eines «Punkfestivals» anfangs Februar 1981 in Bern im «Jugend- und Kulturzentrum Gaskessel» Einrichtungen kurz und klein geschlagen werden[45];
WENN andererseits in verschiedenen europäischen Städten randaliert und zerstört wird,
DANN sind das zum Teil die praktischen Auswirkungen der Hard-Rock-Philosophie.

Die zerstörerischen Jugendlichen hören sich bei ihren Zusammenkünften sicher nicht die Brandenburgischen Konzerte von Bach oder den Messias von Händel an, sondern sie konsumieren unter anderem Hard-Rock — zu Hause, im Konzert und, dank der Minikassettengeräte, auch auf der Strasse oder auf der Skipiste!

Ist die Zukunft aber wirklich ohne Hoffnung, ohne Lösungen und ohne aufbauende Musik? Nein, denn es gibt eine Alternative zum Lebensstil der Rock-Kultur: die christliche Lebenshaltung!

VII. Die Alternative: Lebensstil der Rock-Kultur oder christliche Lebenshaltung?

«Kultur» ist die Gesamtheit der geistigen und künstlerischen Lebensäusserungen einer Gemeinschaft oder eines Volkes. Wie im zweiten Kapitel erwähnt, entspricht die Rock-Kultur weitgehend der Gegenkultur, die Ende der fünfziger Jahre und in den sechziger Jahren entstand. Os Guinness geht in seinem Buch *«Asche des Abendlandes»* [1] eingehend auf die Ursachen und die Hintergründe dieser Entwicklung ein.

Im ersten Kapitel haben wir die Rock-Kultur in den grossen Zusammenhang der Jugendfragen gestellt, und im dritten, vierten und sechsten Kapitel einige ihrer Merkmale herausgearbeitet, um sie im fünften und auch sechsten Kapitel der christlichen Lebenshaltung gegenüber zu stellen.

Was bedeutet es aber praktisch, eine christliche Lebenshaltung einzunehmen und somit Vertreter einer christlichen Kultur zu werden? Wie kann man die eigene Lebenshaltung auf Fels gründen, um nicht, wie die Rock-Kultur, sein Haus auf Sand bauen zu müssen[2]? Dazu braucht es einen Gesinnungswandel, eine Neuorientierung des ganzen Denkens und Lebens und eine intensive Auseinandersetzung mit Gott und seinem Wort. In der Bibel offenbart sich Gott als Gott des Friedens und nicht der Unordnung[3]! Gleichzeitig beschreibt uns die Heilige Schrift das grösste Problem des Menschen: seine SÜNDHAFTIGKEIT!

Jeder Mensch trägt die Anlage zu Ungerechtigkeit, Schlechtigkeit, Habsucht, Bosheit, zu Ungehorsam, Neid, Zank und Betrug, zu Gottesverachtung, Frechheit, Rücksichtslosigkeit, Prahlerei, Unversöhnlichkeit und Lieblosigkeit in sich[4].

Wir alle haben der Versuchung schon nachgegeben und Böses getan. Darum gibt es keinen Unterschied bei den Menschen: Alle haben gesündigt und ermangeln der Gerechtigkeit und Reinheit Gottes[5].

Die gottlosen Elemente der Rock-Kultur sind nur ein Ausdruck der Sündhaftigkeit des heutigen Menschen. Sünde ist die Missachtung von Gottes Ordnung. Die wichtigste Folge der Sünde ist Unfriede:

- UNFRIEDE MIT GOTT (ruheloses Suchen nach Gott und dem Sinn des Lebens);
- UNFRIEDE MIT SICH SELBST (seelische Probleme);
- UNFRIEDE MIT DEM NÄCHSTEN (gesellschaftliche Probleme) und
- UNFRIEDE MIT DER SCHÖPFUNG (Umweltprobleme, Ausbeutung der Natur).

David beschreibt, wie durch die Sünde Unfriede und Unruhe in sein Herz kam:

«Wohl dem, dessen Übertretung vergeben, dessen Sünde bedeckt ist! Wohl dem Menschen, dem der Herr keine Schuld anrechnet und in dessen Geist keine Falschheit ist! Als ich es verschweigen wollte, verschmachteten meine Gebeine durch mein täglich Heulen. Denn deine Hand lag Tag und Nacht schwer auf mir, dass mein Saft vertrocknete, wie es im Sommer dürre wird.» *Psalm 32, 1-4*

Wie aber kann man wirklichen Frieden mit dem Schöpfergott finden? Er selber bietet uns die einzige Lösung an:

«Denn Gott hat die Welt so geliebt, dass er seinen eingeborenen Sohn gab, damit jeder, der an ihn glaubt, nicht verloren gehe, sondern ewiges Leben habe.» *Johannes 3, 16*

Jesus Christus kam als wahrer Gott[6] und wahrer Mensch[7] auf die Erde. Er wurde in allem versucht wie wir, doch ohne zu sündigen[8]. Er erniedrigte sich selbst und starb an unserer Stelle am Kreuz[9]. Dabei verbüsste er die Strafe für unsere Sünden[10]. Der Prophet Jesaja beschrieb das ungefähr 700 Jahre vor Christus:

«Aber er wurde durchbohrt um unserer Übertretung willen, zerschlagen wegen unserer Missetat; die Strafe, uns zum Frieden, lag auf ihm, und durch seine Wunden sind wir geheilt.» *Jesaja 53, 5*

Ähnlich wie man die Geldschuld eines andern Menschen bezahlen kann, bezahlte Jesus Christus die Sündenschuld und löschte die Schuldschrift[11] jedes Menschen, der an ihn glaubt.

Wie kann ein Mensch Vergebung für seine Sünden erhalten? Indem er seine Schuld vor Gott bekennt und sie bereut. Das heisst Busse tun. Gott ist geduldig und möchte uns in seiner Güte zur Busse leiten[12]:

«So tue nun Busse über diese deine Bosheit und bitte den Herrn, ob dir die Tücke deines Herzens möge vergeben werden!» *Apostelgeschichte 8, 22*

Schon David kannte den Weg der Busse zur Sündenvergebung:

«Da bekannte ich dir meine Sünde und verhehlte meine Missetat nicht; ich sprach: 'Ich will dem Herrn meine Übertretung bekennen!' Da vergabst du mir meine Sündenschuld!» *Psalm 32, 5*

Johannes erklärt, wie das Blut Jesu Christi, des Sohnes Gottes, von aller Sünde reinigt[13], wenn man die Übertretungen bekennt:

«Wenn wir aber unsere Sünden bekennen, so ist er treu und gerecht, dass er uns die Sünden vergibt und uns reinigt von aller Ungerechtigkeit.» *1. Johannes 1, 9*

Das bedeutet wahre Umkehr: statt ohne Gott weiterzuleben, kehrt man zu einem Gott wohlgefälligen Leben zurück. Man wird durch Gottes Gnade gerettet, wenn man an das Erlösungswerk des gekreuzigten und leiblich auferstandenen Christus glaubt, ihn aufnimmt und ihm gehorcht:

«Allen denen aber, die ihn aufnahmen, gab er Vollmacht, Gottes Kinder zu werden, denen, die an seinen Namen glauben.» *Johannes 1, 12*

Keiner kann sich selbst erlösen, es ist Gottes Gabe. Man muss die Rettung auch nicht mit guten Werken erkaufen, damit sich niemand vor Gott rühme[14].

Worin besteht Gottes Gabe? Der Gläubige erhält ewiges Leben[15] und hat Frieden mit Gott:

«Da wir nun durch den Glauben gerechtfertigt sind, so haben wir Frieden mit Gott durch unsern Herrn Jesus Christus.» *Römer 5, 1*

Dieser Friede mit Gott ist die Grundlage für ein erfülltes Leben!

— Denn der FRIEDE MIT GOTT führt nach und nach

— zum FRIEDEN MIT SICH SELBST (Heilung seelischer Nöte);
— zum FRIEDEN MIT DEN MITMENSCHEN (Hass, Neid und Egoismus müssen verschwinden; Betrug und Unrecht müssen wo immer möglich wiedergutgemacht werden[16]); und
— zum FRIEDEN MIT DER NATUR (Rücksichtnahme auf die Schöpfung).

Dieser tiefe Friede, der allen Verstand übersteigt[17], wird im christusgläubigen Menschen wachsen, wenn dieser regelmässig und in demütiger Haltung die Bibel liest, zu Gott betet, die gesunde Lehre kennt[18] und am Leben einer Gemeinde nach biblischem Muster[19] teilnimmt. Die Bibel fordert jeden Christen auf, sich dem Zeitgeist und seinen Grundsätzen wie Lüge, Egoismus, Neid, Ruhmsucht, Hochmut und Habsucht nicht anzupassen, sondern sich Wesen und Sinn erneuern zu lassen, um prüfen zu können, was Gott wohlgefällig ist[20].

Darum führt das erfüllte Leben mit Christus zu einer neuen Haltung gegenüber Politik, Wissenschaft, Literatur, Kunst und Musik!

Weil der Friede Gottes das Kennzeichen der christlichen Lebenshaltung ist, soll gute Musik auch «MUSIK DES FRIEDENS» sein!

VIII. Musik des Friedens

Geistliche und weltliche Musik

Im allgemeinen Sprachgebrauch wird als geistlich bezeichnet, was — im Gegensatz zum weltlichen — zum religiösen Bereich gehört. Somit ist alle Musik, die religiöse Worte enthält und bei religiösen Anlässen gespielt wird, geistliche Musik.

Auch die Bibel spricht vom Geistlichen als Gegensatz zum Weltlichen. WELTLICH ist im Sinn der Heiligen Schrift alles, was den Grundsätzen Satans entspricht, wie Lüge, Zerstörung, Egoismus, Götzendienst, Feindschaft, Eifersucht, Zorn, Neid, Ehebruch, Unzucht, Mord, Zauberei[1]. GEISTLICH ist darum alles, was nach Gottes Ordnung und Prinzipien getätigt wird: Alles, was ein Christ in Übereinstimmung mit Gottes Wort und Willen tut, ist geistlich. *« Was immer ihr tut, das tut von Herzen, als für den Herrn und nicht für Menschen »*[2]. *« Ihr esset oder trinket oder was ihr tut, so tut es alles zu Gottes Ehre »*[3]. Geschirrwaschen ist also nicht zwangsläufig weniger geistlich als Bibellesen. Bibellesen anstelle des nötigen Geschirrwaschens ist ungeistlich. Predigen ist nicht unbedingt geistlicher als Kochen, denn eine Predigt anstelle einer nötigen Mahlzeit stillt den Hunger nicht[4]. Aber auch Kochen kann ungeistlich sein, wenn es vom Wort Gottes abhält, wie zum Beispiel bei Martha[5].

Was bedeuten nun diese grundsätzlichen Überlegungen für die Beurteilung geistlicher und weltlicher Musik? Kompositionen mit geistlichen Texten, wie etwa die Kantaten von Bach, reihen wir mühelos in die geistliche Musik ein. Wie steht es aber mit rein instrumentalen Werken? Ist ein fröhliches Trompetenkonzert von Tomaso Albinoni (1671-1750) geistlich oder weltlich? Es kann sicher zur Bereicherung eines Ostergottesdienstes oder einer Hochzeitsfeier in der Kirche gespielt werden, was mit einem Stück Punk-Rock, der ja durchwegs hart und aggressiv ist, nicht möglich wäre. Warum kann nun aber eine rein instrumentale Musik von Albinoni als geistlich und zur Ehre Gottes dienend bezeichnet werden, nicht aber ein rein instrumentales Stück aggressiven Punk-Rocks? Warum war es für Bach ohne weiteres möglich, geistliche Texte unter seine «weltliche» Musik zu setzen, um sie kirchenfähig zu machen? Warum wurden im Lauf der Kirchengeschichte immer wieder mit Erfolg populäre Melodien zur Vertonung geistlicher Texte herbeigezogen? Warum soll das zum Beispiel mit hartem Punk-Rock nicht auch möglich sein?

Um diese Fragen zu beantworten, müssen wir von der Schöpfungsordnung Gottes reden.

Die Schöpfungsordnung Gottes

Der lebendige und allwissende Schöpfergott hat das Universum geschaffen. Er ist nicht ein Gott der Unordnung, sondern des Friedens[6]. Gottes Ordnung in der Schöpfung können wir zum Teil durch eigene Beobachtung der Natur erkennen. Die Naturgesetze sind ein Ausdruck dieser Ordnung. Die Bibel gibt uns weitere Anhaltspunkte und beschreibt vor allem Gottes Schöpfungsordnung für den Menschen in seinem Verhältnis zum Herrn des Universums, zum Mitmenschen und zu Gut und Böse. Gott ist nicht ein Gott der Unordnung, sondern seine Ordnung schafft FRIEDEN.

Das hebräische Wort *«Shalom»* ist wohlbekannt. Es hat zusammen mit dem griechischen Wort *«Eiraenae»* neben «Friede» noch die Bedeutung von «Vollständigkeit, Ganzheit, Gesundheit, Wohlsein, Ruhe»[7]. Wir wollen hier kurz über die umfassende Bedeutung der Worte «Shalom» und «Eiraenae» nachdenken:

VOLLSTÄNDIGKEIT, GANZHEIT. Der moderne Mensch und seine Kultur sind innerlich zerrissen, unruhig, unausgeglichen, verzweifelt und haben Schlagseite: Innere Ruhe und Gleichgewicht fehlen, weil man es oft nicht mehr wahrhaben will, dass der Mensch, und somit auch seine Kunst, nur ganz und vollständig sein können, wenn die Gemeinschaft mit dem lebendigen Schöpfergott gepflegt wird. Gottes Friede möchte die ganze Person des Christen mit Geist, Seele und Leib, alle seine Lebensbereiche, und somit auch Kunst und Musik, durchdringen, um sie ganz und vollständig zu machen.

GESUNDHEIT. Der Friede Gottes macht gesund im weitesten Sinne des Wortes: Das gesamte Wesen und Leben des Christen, sein kreatives Schaffen in Kunst und Musik, seine Umgebung und seine Kultur gesunden unter dem Einfluss des Wortes Gottes.

WOHLSEIN, RUHE. Gottes Friede schafft in Geist, Seele, Leib und in allen Lebensbereichen wirkliches Wohlsein und göttliche Ruhe. Zwar geht es im Leben nicht ohne Schmerz und Leiden, doch auch in schwierigen Lagen ist es möglich, ruhig zu bleiben, weil Gottes Friede, der allen Verstand übersteigt[8], vor Verzweiflung bewahrt. Kunst und Musik des Friedens tragen grundsätzlich zum Wohlbefinden und zur Ruhe des Menschen bei.

VOLLSTÄNDIGKEIT, GANZHEIT, GESUNDHEIT, WOHLSEIN UND RUHE SIND IN DIESEM LEBEN NUR UNVOLLKOMMEN ERREICHBAR, ABER DER KÜNSTLER SOLLTE BEI SEINER SCHÖPFERISCHEN TÄTIGKEIT STETS DANACH STREBEN.

Friede in seiner umfassenden Bedeutung ist das wichtigste Merkmal der Schöpfungsordnung Gottes. Seit dem Sündenfall, der die Schöpfungsordnung zwar entstellt, verzerrt und gestört, aber nicht zerstört hat, ist es Gottes heilsgeschichtliches Ziel, diesen Frieden im ganzen Universum wieder herzustellen. Gottes Friede ist eng mit FREUDE verbunden[9]. Ohne Frieden gibt es keine wirkliche Freude. Friede und Freude sind aber keinesfalls gleichbedeutend mit

Langeweile und Spannungslosigkeit. Gerade die Natur ist voll von ABWECHSLUNG, SPANNUNG, DYNAMIK, KRAFT und BEGEISTERNDEM LEBEN.

Weiter zeugt Gottes Schöpfung von einem unermesslichen IDEENREICHTUM. Diese Vielfalt ist nicht verwirrend, sondern verschmilzt zu einer Einheit und Harmonie, in der an die kleinste Einzelheit gedacht ist. Gottes Schöpfung zeichnet sich weiter durch GLEICHGEWICHT im umfassendsten Sinn des Wortes aus. Dieses Gleichgewicht ist seit dem Sündenfall gestört, kann aber auf Grund des Erlösungswerkes Jesu Christi wieder hergestellt werden. Zerstörung des Guten liegt nie in Gottes Absicht, sondern WACHSTUM, AUFBAU und LEBENSBEJAHUNG. Für das Seelenleben des Menschen strebt Gott LIEBE, FREUDE, FRIEDEN, GEDULD, FREUNDLICHKEIT, GÜTIGKEIT, TREUE, SANFTMUT und SELBSTKONTROLLE an[10]. Diese Eigenschaften der Schöpfungsordnung Gottes machen die Schönheit seines Werkes aus: *«Und Gott sah an alles, was er gemacht hatte, und siehe, es war sehr gut»*[11]. Im Hebräischen bedeutet das Wort *«tob»* für *«gut»* zugleich *«schön»*!

Diese Überlegungen führen uns zum Schluss, dass Unfriede, Freudlosigkeit, Phantasielosigkeit, Oberflächlichkeit, Eintönigkeit, Grobheit, Gewalt, Aggression, Bosheit, Ungepflegtheit, Ungleichgewicht, Hässlichkeit und Zerstörung des Guten keinen Raum in der Schöpfungsordnung Gottes haben und somit in der Kunst und Musik des Friedens nicht positiv bewertet oder gar gefördert werden dürfen. Weil wir aber in der gefallenen Welt nach dem Sündenfall leben, muss «KUNST DES FRIEDENS» auch Spannungen, Streit und Gewalt künstlerisch darstellen, um dem Leben gerecht zu werden. Diese negativen Erscheinungen dürfen aber nie ohne Auflösung zum göttlichen Frieden hin im leeren Raum dargestellt bleiben.

DIE SCHÖPFUNG ALS GESAMTES IST EIN LOB GOTTES[12], UND DARUM SOLLEN ES AUCH DIE KUNST UND DIE MUSIK SEIN.

Für Johann Sebastian Bach war das selbstverständlich, denn er schrieb über seine Kompositionen: *«Mit Jesu Hilfe», «Gott allein sei die Ehre»* oder *«Im Namen Jesu»*[13].

Die Schöpfungsordnung Gottes und die Musik des Friedens

Die Bibel spricht in Epheser 5, 19 und Kolosser 3, 16 von «geistlichen Liedern». Die *«Wuppertaler Studienbibel»* übersetzt Kolosser 3, 16 wie folgt: *«In Psalmen, Hymnen und Liedern, wie der Geist sie gibt, singt durch die Gnade in euren Herzen Gott»*[14]. Hier handelt es sich offensichtlich um Lieder mit geistlichen Texten, die in der Gemeinschaft von wiedergeborenen Christen zum Lob und zur Ehre Gottes gesungen werden. Paulus geht also nicht auf die Musik im allgemeinen oder auf rein instrumentale Musik ein.

Um Verwechslungen mit den *«geistlichen Liedern»* der Bibel und der *«geistlichen Musik»* im geläufigen Sprachgebrauch zu vermeiden, und um jede Musikart miteinbeziehen zu können, soll hier der Begriff «MUSIK DES FRIEDENS» gebraucht werden.

Statt also krampfhaft zwischen geistlicher und weltlicher Musik unterscheiden zu wollen, ist es sinnvoller, Musikstücke anhand der Merkmale der Schöpfungsordnung Gottes zu prüfen. Stimmt Kunst (Dichtung, Baukunst, Bildhauerkunst, Malerei, Graphik, Kunstgewerbe, Vortragskunst, Schauspielkunst, Filmkunst) und Musik mit der Schöpfungsordnung überein, so ist es im umfassendsten Sinne des Wortes geistliche Kunst und Musik, im Gegensatz zur weltlichen, die diese Ordnung missachtet.

KUNST UND MUSIK DES FRIEDENS STIMMEN MIT DER SCHÖPFUNGSORDNUNG GOTTES ÜBEREIN.

Einige Merkmale der Musik des Friedens

Von allen Kunstrichtungen scheint es mir im musikalischen Bereich am schwierigsten, zwischen guter, gesunder und schlechter, unchristlicher Musik zu unterscheiden. Die Musik nimmt unter den Kunstrichtungen einen besonderen

Platz ein, weil alle Menschen eine Beziehung zu ihr haben, was für die andern Kunstgattungen nicht zutrifft.

Wir wollen zuerst von den Lied- und Chortexten und nachher vom rein musikalischen Teil einer Komposition reden.

Lied- und Chortexte der Musik des Friedens

Es ist recht einfach zu prüfen, ob Lied- und Chortexte innerhalb der Schöpfungsordnung Gottes liegen oder nicht.

Wir müssen jeden Text verurteilen

— der sich gegen Gott, den Schöpfer des Himmels und der Erde, und gegen sein Wort, die Bibel, richtet;
— der zur Verachtung der Eltern auffordert;
— der schmutzig, unanständig und zweideutig ist;
— der zerstört, was wahr, edel, recht, rein und angenehm ist, und was guten Klang hat[15];
— der sprachlich unsorgfältig ist.

LIED UND CHORTEXTE DER MUSIK DES FRIEDENS DAGEGEN SOLLEN
— DEN GOTT DER BIBEL DIREKT ODER INDIREKT EHREN und
— WAHR,
— INHALTSREICH,
— AUFBAUEND und
— SPRACHLICH SORGFÄLTIG sein.

— TEXTE EHREN DEN GOTT DER BIBEL dann direkt, wenn sie in der Art der Psalmen Gottes Lob ausdrücken. Andere Texte sagen nichts über Gott aus, aber sie ehren ihn indirekt, indem sie mit seiner Schöpfungsordnung übereinstimmen. Entsprechende Texte aller Arten von Liedern — Volkslieder, vertonte Gedichte, Liebeslieder, kabarettistische Lieder, Chansons, Kinderlieder, Wanderlieder — können in diese Kategorie eingeordnet werden.
— WAHR sind Lied- und Chortexte dann, wenn sie auf dem Fundament der biblischen Wahrheit gegründet und dem ganzen Kreis des menschlichen Daseins gegenüber[16] wahr sind.

— INHALTSREICH können sowohl einfache Texte von Kinder- und Volksliedern, wie auch anspruchsvolle vertonte Gedichte sein. Die Strophen zweier christlicher Lieder führen uns den Gegensatz von Inhaltsarmut und Inhaltsreichtum vor Augen:

«Spiritual» [17]

Refrain:

Allezeit sing Halleluja,
Allezeit sing Halleluja,
Allezeit sing Halleluja,
Weil der Herr dich auferweckt.

1. *Denke daran, dass du einmal sterben musst,*
Denke daran, dass du einmal sterben musst,
Denke daran, dass du einmal sterben musst:
aber Jesus weckt dich auf.

2. *Höre, was Jesus dem reichen Jüngling sagt,*
Höre, was Jesus dem reichen Jüngling sagt,
Höre, was Jesus dem reichen Jüngling sagt:
Folge mir nach.

3. *Höre, was Jesus dem Oberzöllner sagt,*
Höre, was Jesus dem Oberzöllner sagt,
Höre, was Jesus dem Oberzöllner sagt:
In dein Haus kehr ich jetzt ein.

«Gott lädt uns ein zu einem Fest» von Manfred Siebald [18]

1. *Leben im Schatten, Sterben auf Raten. Haben wir was [davon?*
Hass und Empörung, Leid und Entbehrung — ist das die [Endstation?
Während die Fragen noch an uns nagen, kommt einer [her und ruft:
Lasst doch das Klagen, lasst es euch sagen — Freude [liegt in der Luft!

Refrain:

Gott lädt uns ein zu seinem Fest! Lasst uns gehn
und es allen sagen, die wir auf dem Wege sehn.
Gott lädt uns ein! Das haltet fest, wenn wir gehn.
Worauf noch warten? Warum nicht starten? Lasst alles
[andre stehn!

2. *In den Fabriken, in den Boutiquen steht noch so mancher*
[Gast;
in unsern Klassen, auf unsern Strassen trägt mancher
[seine Last.
Denen, die schaffen, denen, die hasten, sagt: Alles ist
[bereit!
Denen, die schlafen, denen, die rasten, sagt: Es ist an
[der Zeit!

3. *Wollen die alten Freunde uns halten und uns zur Seite*
[ziehn,
sagen wir ihnen, wem wir jetzt dienen, weisen sie hin
[auf ihn.
Und wenn sie höhnen, uns übertönen, wenn sie uns
[niederschrein,
laden wir eben durch unser Leben still zum Feste ein.

4. *Werden sich Weg und Mühen denn lohnen bis Gottes*
[Fest beginnt?
Ja, denn es hat für die schon begonnen, die auf dem
[Wege sind.
Können wir jetzt schon singen und feiern? Hat sich
[schon was getan?
Ja, denn Gott will die Erde erneuern und fängt bei uns
[schon an.

Im Spiritual wird im Refrain und in den Strophen ein Textabschnitt je dreimal gesungen und endet jeweils mit einer kurzen neuen Aussage, wobei in der ersten Strophe das Thema der Auferweckung vom Refrain nochmals aufgegriffen wird. In der zweiten und dritten Strophe wird auf zwei bekannte biblische Geschichten angespielt, wobei sowohl die Geschichte vom reichen Jüngling als auch die vom Oberzöllner genug Inhalt für je ein Lied abgäbe.

Dieser Spiritual war als spontane Improvisation in einem Gottesdienst sicher sinnvoll, für die Aufnahme ins bleibende Liedgut ist er aber zu arm an Inhalt. Dazu müsste er neu überarbeitet und vertieft werden. Leider trifft das noch für viele andere christliche Lieder zu!

Der Text von Manfred Siebald dagegen ist in den Strophen und im Refrain inhaltsreich und zeugt von sorgfältiger Arbeit. Dieses Lied Siebalds wird übrigens von Jugendlichen sehr gerne gesungen. Der reiche Inhalt ist keineswegs ein Hindernis für seine Beliebtheit. In der klassischen Musik findet man oft Vertonungen einzelner Wörter — man denke etwa an das «*Alleluja*» Mozarts[19]. Es wäre falsch, hier von textlicher Armut zu sprechen, denn erstens sind solche Stücke meistens Teil eines grösseren, sehr inhaltsreichen Werkes, wie etwa das «*Halleluja*» im «*Messias*» von Händel oder das genannte «*Alleluja*» im «*Exsultate, jubilate*» Mozarts, und zweitens hat dann der musikalische Reichtum die Aufgabe, das vertonte Wort in seiner ganzen Tiefe zum Tragen zu bringen.

— EIN AUFBAUENDER TEXT darf den Hörer wohl aufrütteln und ihm die negativen Seiten des Lebens zeigen, aber der gesamte Inhalt wirkt nie beschmutzend, niederreissend oder zerstörerisch.

— EIN SPRACHLICH SORGFÄLTIGER TEXT muss nicht unbedingt von einem begabten Dichter verfasst sein. Aber der Textschreiber begnügt sich nicht mit rasch hingeworfenen, oberflächlichen Liedstrophen voller unnötiger Wiederholungen, sondern er feilt auf dem Niveau seiner Begabung an seiner Sprache, kämpft um die beste Wortwahl und die treffendste Formulierung — kurz, er gibt sein Bestes, um seine Gedanken möglichst gut auszudrücken.

Für die Textdichter geistlicher Lieder sind die alttestamentlichen Psalmisten ein Vorbild. Welcher Reichtum, welche Kraft und welche inhaltliche Tiefe liegen in den Psalmen Davids, der Kinder Korahs und Asaphs! Die Kinder Korahs waren als Leviten Sänger und Musiker des Tempelchores und Asaph war Chordirigent.

Als Beispiel zitieren wir Psalm 67:

«Dem Vorsänger. Mit Saitenspiel. Ein Psalmlied.
Gott sei uns gnädig und segne uns,
er lasse sein Antlitz bei uns leuchten, — (Pause)
dass man auf Erden deinen Weg erkenne,
unter allen Nationen dein Heil.
Es sollen dir danken die Völker, o Gott,
dir danken alle Völker. — (Pause)
Die Nationen sollen sich freuen und jauchzen,
weil du die Völker recht richtest
und die Nationen auf Erden führst! — (Pause)
Es sollen dir danken die Völker, o Gott,
dir danken alle Völker!
Das Land gibt sein Gewächs;
es segne uns Gott, unser Gott;
es segne uns Gott, und alle Welt fürchte ihn!»

Wie kommt man zu einem gesunden Empfinden für die Beurteilung eines Textes? Nur durch regelmässiges, sorgfältiges Lesen der ganzen Bibel lernt man, klar zwischen Gut und Böse zu unterscheiden! Die Bibel lehrt Rechtssinn, Urteilskraft und Aufrichtigkeit[20]. Der Sinn des Lesers wird erneuert[21], und er kann mit Hilfe des Heiligen Geistes[22] erkennen lernen, wo ein Text die Grenzen der Schöpfungsordnung Gottes überschreitet.

Das Verhältnis von Text und Musik

Es kommt vor, dass ein schlechter Text gut vertont, oder ein guter Text schlecht vertont ist. Der Text kann auch sprachlich sorgfältig, inhaltlich jedoch schlecht sein. Der bibelgläubige Christ darf es mutig und ehrlich sagen, wenn der Inhalt oder die sprachliche Form des Textes schlecht und die Musik gut ist (oder umgekehrt). Ein anstössiger Text, gut vertont, zerstört natürlich die ganze Komposition, desgleichen schlechte Musik mit einem guten Text.

IN DER MUSIK DES FRIEDENS ERGÄNZEN SICH TEXT UND MUSIK UND VERSCHMELZEN ZU EINER EINHEIT.

Der musikalische Teil einer Komposition

Es ist schwieriger, den musikalischen Teil einer Komposition zu beurteilen, weil die Gesamtwirkung der musikalischen Elemente «MELODIE», «HARMONIE» und «RHYTHMUS» oft schwer zu beschreiben ist. Menschen mit verschiedenen musikalischen Begabungen empfinden das gleiche Musikstück unterschiedlich. Sozial und kulturell bedingte Erfahrungen mit Musik, Alter und Herkunft des Hörers, musikalische Bildung, Geschmack und charakterliche Veranlagungen spielen ebenfalls eine Rolle. In Zweifelsfällen muss jeder Hörer im Rahmen seiner persönlichen Freiheit die Grenze des für ihn Erlaubten von Gott erfragen und bestimmen. Im folgenden soll versucht werden, anhand der Schöpfungsordnung Gottes eine Reihe von Kriterien zur Beurteilung des musikalischen Teiles einer Komposition festzulegen.

Der musikalische Friede

Damit sich Melodie, Harmonie und Rhythmus einer Komposition innerhalb der Schöpfungsordnung Gottes bewegen, müssen Dissonanzen und Spannungshöhepunkte in gesundem Mass vorhanden sein; bevor sie aber den Hörer in seinem Empfinden verwirren und in eine richtungslose Klangwelt führen, sollen sie rechtzeitig zum musikalischen Frieden hin aufgelöst werden. Dieses Verhältnis zwischen Spannung und Auflösung kann mit dem Stress und der Spannung einerseits und der Ruhe und Erholung andererseits im Alltagsleben verglichen werden. Ein Leben ohne Spannung ist trostlos und macht letztlich krank. Anhaltender Stress ohne Erholung ist ebenso zerstörerisch. Das gesunde Mass von Spannung und Erholung im Alltagsleben ist ein Merkmal der Schöpfungsordnung Gottes, das sich auch in der Musik des Friedens widerspiegeln muss. Meines Erachtens haben zum Beispiel Bach, Haydn und Mozart dieses Gleichgewicht gefunden, während viele Musikfreunde von Richard Wagners Musik sagen, sie entführe den Hörer in eine verwirrende, richtungslose und gespannte Klangwelt, ohne ihn rechtzeitig zum musikalischen Frieden zurückzuführen[23]. Wie das dritte, vierte, siebente und achte negative Merkmal der

Rock-Kultur (im dritten Kapitel beschrieben) zeigt, fehlt im Leben und Komponieren vieler Rock-Musiker das Gleichgewicht zwischen Spannung und Ruhe. Von Johann Sebastian Bach lesen wir im Gegensatz dazu: *«In seinem Herzen lag der Kernpunkt von Friede und Schönheit»*[24].

In vielen Rock-Stücken und -Konzerten findet keine Rückführung zum musikalischen Frieden hin statt, was unter anderem dadurch zum Ausdruck kommt, dass viele Stücke auf den Platten nicht mit einem Schlussakkord aufhören, sondern immer leiser werdend dem Hörer entschwinden und ihn ohne Schlusspunkt dem Eindruck der Musik überlassen.

MUSIK DES FRIEDENS ZEICHNET SICH DURCH DAS GLEICHGEWICHT ZWISCHEN SPANNUNG UND IHRER AUFLÖSUNG ZUM MUSIKALISCHEN FRIEDEN HIN AUS.

Das Gleichgewicht

Gleichgewicht im umfassendsten Sinn des Wortes ist ein zentrales Merkmal des gesunden Lebens überhaupt und damit auch der Musik des Friedens. Wie oben beschrieben, muss nach dem Gleichgewicht zwischen musikalischer Spannung und ihrer Auflösung und weiter nach dem Gleichgewicht in der Wirkung der Musik auf den Hörer gefragt werden: Spricht eine Musik den ganzen Menschen mit Geist, Seele und Leib an, oder wird eine Ebene des menschlichen Wesens bevorzugt?

Wie es ihre Auswirkungen beweisen (siehe drittes Kapitel), spricht die Rock- und Disco-Musik einseitig die Ebenen des Gefühls und des Körpers an, zu Ungunsten des Geistes und des Verstandes. Sie wendet sich nicht im gleichen Masse an alle Ebenen des menschlichen Wesens und ist grösstenteils einseitig körperbetonte Musik, die das Gleichgewicht der Schöpfungsordnung vermissen lässt.

MUSIK DES FRIEDENS ACHTET DEN GANZEN MENSCHEN ALS EINHEIT UND SPRICHT GEIST, GEMÜT, GEFÜHL UND KÖRPER AN.

Jimmy Page, der virtuose Gitarrist der Hardrock-Gruppe LED ZEPPELIN, sagte in einem Interview, die Konzerte seiner Band beruhten im wesentlichen auf *Lautstärke, Wiederholung* und *Rhythmus*[25]. Diese drei Elemente sind in mehr oder weniger starkem Mass für alle Rock-Musik kennzeichnend. In welchem Verhältnis stehen sie zur göttlichen Schöpfungsordnung?

Die Lautstärke

Die Lautstärke ist messbar: Über achtzig Dezibel[26] empfindet man als unangenehm, mehr als neunzig sind gehörschädigend. In der Industrie dürfen die Arbeiter nicht über längere Dauer mehr als neunzig Dezibel ausgesetzt werden. In Rock-Konzerten und Discotheken werden regelmässig zwischen 93 und 105 Dezibel gemessen, denn der Hardrock arbeitet mit hohen Lautstärken, um direkt auf den Körper einzuwirken und bestimmte Gefühle zu wecken. Als in einer Berner Disco die Lautstärke aus Rücksicht auf das Gehör der Jugendlichen einmal gesenkt wurde, machten sie einen Sitzstreik, weil die gewohnte Wirkung der Musik ausblieb[27]. Die Folgen dieser Lautstärken sind Hörschäden bei einem hohen Prozentsatz der jungen Rock-Hörer. Wir haben es hier mit einem eindeutig zerstörerischen Element zu tun, das Gesundheit und Wohlsein — Merkmale der göttlichen Schöpfungsordnung — missachtet.

DIE LAUTSTÄRKE DER MUSIK DES FRIEDENS BEEINTRÄCHTIGT GESUNDHEIT UND WOHLBEFINDEN DER MUSIKER UND HÖRER NIE.

Das Element der Wiederholung

Die unablässige und monotone Wiederholung von Text, Melodie-, Harmonie- und Rhythmusteilen hat ihren Ursprung in der primitiven Musik der Urvölker. Sie erinnert auch an die ständige Wiederholung heiliger Formeln (Mantras) bei den Buddhisten, die dadurch in andere Bewusstseinssphären eindringen und sich erlösen wollen.

Die unablässige Wiederholung ist ein auffallendes Merkmal des Rock und bringt Monotonie in die Musik, hat Rauschwirkung und kann zusammen mit hartem Rhythmus und grosser Lautstärke zu Selbstvergessenheit und in Zustände besinnungsloser Ekstase und Trance führen.

Monotone Wiederholung widerspricht dem offensichtlichen Ideenreichtum und der Vielfalt in der göttlichen Schöpfungsordnung und ist ein Ausdruck kompositorischer Armut.

In der biblischen Dichtung ist der 136. Psalm ein Beispiel richtiger, refrainartiger Anwendung der Wiederholung.

MUSIK DES FRIEDENS GEBRAUCHT DIE WIEDERHOLUNG ALS GESTALTENDES UND VERSTÄRKENDES ELEMENT, OHNE JE MONOTON ZU WERDEN.

Der Rhythmus

Der Rhythmus ist die Gliederung eines Musikstückes innerhalb der gegebenen Taktzeiten. In der Rock-Musik wird das Schlagzeug als Rhythmusgruppe eingesetzt, um den Grundtakt und seine Variationen hervorzuheben oder ihn nach Art der primitiven Musik der Urvölker mit hartem Schlag in den Vordergrund treten zu lassen. Dadurch entsteht ein Ungleichgewicht, die Musik wird einseitig körperbetont, wirkt enthemmend und das Element der monotonen Wiederholung wird verstärkt, was zu den oben beschriebenen Auswirkungen führen kann.

MUSIK DES FRIEDENS IST WOHL RHYTHMISCH, ABER SIE LÄSST DIE SCHLÄGE DES RHYTHMUS NIE AUF KOSTEN DES GLEICHGEWICHTES UND DES IDEENREICHTUMS DOMINIEREN.

Melodie und Harmonie

Die Melodie ist eine in sich geschlossene, nach Klangschritten und Rhythmus geordnete Tonfolge, und unter der musikalischen Harmonie versteht man die Beziehung von Tönen, die sich in Intervallen und Akkorden äussert.

In der Melodie und Harmonie der Rock-Musik fallen die häufigen Ton- und Akkordwiederholungen auf (akkordische und melodische Ostinati; ostinato bedeutet «beharrlich, ständig wiederholt»).

D. Hartwich beschreibt folgenden Sachverhalt: Gefühlsmässig hoch erregte Stücke haben schon im Rhythm & Blues eine niedrige harmonische Informationsdichte, das heisst, sie sind arm an harmonischen Ereignissen. Dasselbe gilt durchgängig für den Rock'n'Roll und aggressive Stücke der Rolling Stones sowie für die gesamte Untergrundmusik. Führt man weitere Untersuchungen durch, so stellt man fest, *«dass innerhalb eines Stückes, wenn die Erregung mit andern Mitteln wie z.B. Erhöhung der Ereignisdichte durch Verdoppelung von Notenwerten, Verlassen fixierbarer Tonhöhen (off-pitch) beim Sänger, Anwachsen der Dynamik u.ä. gesteigert wird, die harmonische Informationsdichte absinkt. Ein früher Extremfall dieser Art ist das Stück 'Going Home' von den Rolling Stones, das von den insgesamt 11'35" während der letzten sechs Minuten, d.h. mehr als der Hälfte seiner Gesamtlänge, auf derselben Stufe 'hängenbleibt'. Dazu erwecken alle übrigen Elemente den Eindruck grösster Hektik; der nur noch sinnlose Wortfetzen stammelnde Sänger bewegt sich 'am Rande der Sprachlosigkeit' (BAACKE)»*[28].

MELODIE UND HARMONIE DER MUSIK DES FRIEDENS SIND REICH AN IDEEN, FORMEN UND EREIGNISSEN.

Die musikalischen Ausdrucksformen

Dörte Hartwich beschreibt das Ausdrucksideal der Rock-Musik im Gegensatz zum Schönheitsideal der Musik des 17.-19. Jahrhunderts:

«Von allen Autoren, die sich in ernstzunehmender Weise mit Pop-Musik auseinandersetzen... wird darauf hingewiesen, dass der angestrebte Ausdruck und die Ausdrucksmittel in Pop- und europäischer Musik einander diametral entgegengesetzt seien»[29].

Die europäische Kunstmusik wird von den Rock-Anhängern *«fast immer als 'gekünstelt', 'gestelzt', 'kalt' abgelehnt, wo man wohl sagen wollte: 'formalisiert' oder 'disziplinierter'. Einer der Gründe für die Pop-Welle ist wahrscheinlich in der sich ausbreitenden Neigung zur Autoritäts- und Ordnungsfeindlichkeit zu suchen. Ein Kunstwerk im traditionellen Verstande ist eine Sach-Autorität, schon weil es — eben wegen dieses Zwanges zur Verfügbarkeit durch Dritte — fixiert ist und den Anspruch stellt, zeit-, stil- und werkgetreu dechiffriert zu werden. Wer es realisieren will, muss sich den von ihm ausgehenden Zwängen unterwerfen ebenso wie der, der es 'adäquat' hören will, was immer das auch sei»*[30].

Rock-Musik ist ein Urenkel des Jazz, von dem nach Dörte Hartwich folgende Merkmale auch für den Rock gelten:

Im Bereich der RHYTHMIK steht beim Jazz und Rock der *Off-Beat* im Gegensatz zur geordneten Rhythmik der barocken, klassischen und romantischen Musik. Off-Beat-Elemente sind Melodieteile des Solisten, die sich in ihrer Rhythmik gegen den Takt des Grundschlages stellen, indem sie eigenen rhythmischen Gesetzen folgen und dadurch eine Konfliktbildung heraufbeschwören[31]. Der Off-Beat hat eine stark enthemmende Wirkung auf den Hörer[32].

Im Bereich der TONGEBUNG (Intonation) steht die unfixierte Tonhöhe als *Off-Pitchness* im Gegensatz zum Zwang zur fixierbaren Tonhöhe. In der Art der stimmlichen und instrumentalen KLANGERZEUGUNG UND -GEBUNG folgt der Rock anderen Gesetzen und Idealen als die europäische Musik: Man denke hier an die «smears» (smear bedeutet schmieren), das sind einzelne Töne, die durch unreine Tongebung gleitend ineinander verschmelzen, oder an die «dirty notes», die «schmutzigen Noten». Dem im Kräftefeld zweier Musikstile aufwachsenden Hörer müssen die rhythmischen Ausdrucksformen des Rock besonders auffallen, *«ebenso wie sich die unfixierte Tonhöhe, die Rauheit, Gequetschtheit, das... Verhauchen und Pressen, ja der ekstatische Schrei sich elementar mitteilen»*[33].

Interessant ist auch ein Vergleich zwischen Studio- und Life-Aufnahmen derselben Stücke — wie etwa im Fall von «Satisfaction» der Rolling Stones: Sie *«beweisen eine deutliche Verschiebung in Richtung auf Off-Pitch, Off-Beat und das Fast-ausser-Kontrolle-Geraten des Tempos bei der Live-Fassung, die vom Publikum inspiriert und 'angeheizt' wird»*[34].

«Ein weiterer Grund für den Erfolg der so viel unmittelbarer wirkenden Pop-Musik bei den Jugendlichen liegt vermutlich darin, dass hier in aller Regel ein Mensch 'ungefiltert', unkontrolliert und ekstatisch zu einem gleichsam 'stellvertretenden' Erlebnis verhilft, das man aus eigener Kraft und eigenen Möglichkeiten gar nicht oder so elementar nicht vollziehen kann. Es wäre unter anderem unabgesättigter, im täglichen Leben auch gar nicht zu befriedigender Erlebnisdrang, der den jungen Menschen zum Pop-Fan macht. Ein Zitat aus einer Pop-Zeitschrift, das in dieselbe Richtung zu zielen scheint, mag das belegen: 'Es muss endlich Sänger geben, die sich im Flackerlicht grölend auf dem Boden wälzen und denen Mikrophone in Mund und Nase stecken'. Der Ausdruckswille, der Hunger nach Erlebnissen und die Sensationslust einer Generation sind in dem Zitat unauflösbar miteinander verschlungen. Solchem Anspruch an die Musik, wie er sich hier dartut, können Forderungen nach Geordnetheit, Wohlklang, ausdrucksmässiger Überformtheit ebenso wenig relevant sein, wie die von dem barock-klassisch-romantischen Musikideal abstrahierten Kriterien Beziehungsreichtum, Komplexität, Differenzierung und Integration oder Ausgewogenheit der Teile zu ihrer Bewertung taugen»[35].

D. Hartwich ist übrigens der Ansicht, *«dass die Pop-Begeisterung als Pubertätsphänomen gedeutet werden muss und mithin international zumindest die Industrienationen kennzeichnet...»*[36].

Beim Schönheitsideal in der europäischen Musik des 17.-19. Jahrhunderts einerseits und dem Ausdruckswillen der Rock-Musik andererseits handelt es sich um zwei getrennte Welten[37].

MUSIK DES FRIEDENS KENNZEICHNET SICH IN RHYTHMUS, TONGEBUNG UND KLANGERZEUGUNG DURCH GEORDNETE AUSDRUCKSFORMEN, DIE WEDER GEKÜNSTELT NOCH UNNATÜRLICH UND STEIF, SONDERN FREI UND DISZIPLINIERT SIND.

KOMPONISTEN, INTERPRETEN UND HÖRER HALTEN SICH IN IHREM AUSDRUCKSWILLEN UNTER SELBSTKONTROLLE[38].

Die Wirkung der Musik des Friedens auf Körper und Seele

Wenn ein bestimmtes Musikstück oder eine ganze Stilrichtung, wie zum Beispiel der Punk-Rock, eine Mehrheit von Hörern aufregt, beunruhigt, nervös macht, bedrückt, in negative, selbstzerstörerische und dunkle Gedanken und Stimmungen hineinführt, oder sogar durch Aggressionen auslösende Ekstase zu Gewalttätigkeit aufreizt, wie zum Beispiel zum Zerschlagen von Mobiliar, dann ist sie zu verurteilen. Wie im dritten Kapitel erläutert, kann bei grossen Rock-Konzerten ein an besinnungslose Ekstase grenzender Zustand beobachtet werden[39]. *Ekstase* ist bekanntlich eine (religiöse) Verzückung, ein rauschhafter Zustand, in dem der Mensch der Kontrolle des normalen Bewusstseins entzogen ist. Rock-Musik kann auch enthemmend und hypnotisch wirken und den Hörer in Trance versetzen. *Hypnose* ist ein Zwangsschlaf, ein schlaf- oder halbschlafähnlicher Zustand, der durch Suggestion künstlich hervorgerufen werden kann. Die *Trance* ist ein schlafähnlicher Zustand (bei spiritistischen Medien), ein Dämmerzustand und ein Übergangsstadium zum Schlaf. Das Rock-Publikum sucht seine Musik oft wegen der von ihr ausgehenden Rauschwirkung. Unter dem Einfluss dieser Musik kann es in völlige Selbstvergessenheit geraten.

MUSIK DES FRIEDENS WIRKT WEDER HYPNOTISCH NOCH RAUSCHARTIG, FÜHRT NICHT ZU ZERSTÖRERISCHER EKSTASE UND VERSETZT NICHT IN TRANCE, DENN DAS WIDERSPRICHT DER SELBSTKONTROLLE ALS TEIL DER FRUCHT DES GEISTES[40].

MUSIK DES FRIEDENS VERMITTELT TIEFGREIFENDE ERLEBNISSE, BERUHIGT UND ERFREUT DEN MUSIKER UND DEN HÖRER, RÜTTELT IHN ABER AUCH AUF, BELEHRT IHN, ÜBERFÜHRT IHN UND WEIST IHN ZURECHT[41]. SIE HEBT SEINE STIMMUNG UND LÖST SPANNUNGEN, FÜHRT ZU GUTEN UND ERNSTEN ODER AUCH LUSTIGEN GEDANKEN UND FÖRDERT SEINE LEBENSFREUDE UND SCHÖPFERISCHE TATKRAFT ZUR EHRE GOTTES[42] UND ZUR HILFE AM MITMENSCHEN[43].

SOLCHE MUSIK BRINGT SCHÖNHEIT INS LEBEN HINEIN UND IST GESUND FÜR LEIB UND SEELE!

Zu Beginn des Kapitels wurde die Frage gestellt, warum es im Lauf der Kirchengeschichte, zum Beispiel zur Zeit der Reformation, möglich war, populäre Melodien ohne weiteres mit geistlichen Texten zu unterlegen, um schöne und beliebte Kirchenlieder zu erhalten, und warum dies heute zum Beispiel mit hartem Punk-Rock nicht möglich sei.

Zuerst muss gesagt werden, dass aus der Entstehungsgeschichte alter Kirchenlieder nicht ohne weiteres ein allgemeingültiger Grundsatz abgeleitet werden darf. Dass die Übernahme populärer Melodien früher in grossem Masse möglich war, rechtfertigt noch nicht, dass heute unbesehen das gleiche getan werden kann. Warum nicht?

Der sachliche Grund besteht darin, dass populäre Melodien zur Zeit der Reformation oder die weltliche Musik Joseph Haydns Musik des Friedens waren und sich innerhalb der göttlichen Schöpfungsordnung bewegten, während zum Beispiel der Punk-Rock diese Ordnung mit Füssen tritt. Die erste Frage muss also immer lauten: Stimmt eine Komposition mit der Schöpfungsordnung überein? Erst wenn dies zutrifft, kann erwogen werden, ob man der Musik einen geistlichen Text unterlegen will.

Hilfe zur Beurteilung eines Kunstwerkes

Francis Schaeffer gibt in seinem Buch *«Kunst und Bibel»*[44] vier Kriterien für die Beurteilung eines Kunstwerkes:

— Die TECHNISCHE LEISTUNG des Künstlers;

— seine INTEGRITÄT, das heisst die Ehrlichkeit, mit der ein Kunstwerk das ausdrückt, was der Künstler über die Weltwirklichkeit denkt (nach dem Wörterbuch heisst Integrität «Makellosigkeit», «Unbescholtenheit», «Unbestechlichkeit»);

— der INTELLEKTUELLE INHALT, die WELTANSCHAUUNG, die im Kunstwerk sichtbar wird; und

— die INTEGRATION VON BOTSCHAFT UND MEDIUM. In den Kunstwerken, denen wahrhafte Grösse zukommt, ist die Beziehung zwischen Form und Inhalt gut (Integration bedeutet «Vereinigung einzelner Teile zu einer äusseren Ganzheit». Ein Medium ist in diesem Zusammenhang ein «Träger» oder ein «Mittel», mit dem die Botschaft weitergegeben wird).

Drei weitere Begriffe sind hilfreich bei der Beurteilung eines Kunstwerkes:

— Die GESTALT und der GEHALT machen zusammen die GEWALT eines Kunstwerkes aus.

Das Beispiel der Pietà Michelangelos

Zum besseren Verständnis dieser Kriterien wenden wir sie skizzenhaft bei einem Werk der bildenden Kunst an:

Die PIETÀ Michelangelos, 1498-99 für die Grabkapelle von Kardinal Jean Bilhères de Lagronlas geschaffen, jetzt in Rom in der Peterskirche, dient uns als Beispiel aus der Bildhauerei.

— Die TECHNISCHE LEISTUNG des 23 jährigen Michelangelo ist hervorragend: Sowohl der Fachmann als auch der Laie bestaunen die kaum zu übertreffende Bearbeitung des Marmors und die sorgfältige Ausführung jeder Einzelheit. *«Der Marmor hat unter den Händen des Bildhauers völlige Leichtigkeit gewonnen und wirkt wie entmaterialisiert. Der Körper des Toten — er spiegelt mit seinen Muskeln, Adern und Nerven die vollkommenste Menschenform wider — leuchtet wie ein Kristall. Wann je ist ein toter Körper schöner dargestellt worden!»*[45].

46

— Mit der Pietà nahm Michelangelo ein bekanntes Thema seiner Zeit auf. Das folgende Zitat beweist Michelangelos INTEGRITÄT:

«Als Condivi, Michelangelos Biograph, den altgewordenen Meister über die auffallende Mädchenhaftigkeit dieser Gottesmutter befragte, erhielt er eine Antwort, aus der die Frömmigkeit, die den Künstler bei der Arbeit beseelt hat, noch über den Abstand eines halben Jahrhunderts hinweg sich mitteilt: 'Weisst du nicht', sagte Michelangelo, 'dass

keusche Frauen sich viel frischer erhalten als die, welche das nicht sind? Um wieviel mehr aber eine Jungfrau, welcher sich niemals die geringste sündhafte Begierde in die Seele verirrte! Müssen wir nicht glauben, dass die göttliche Kraft ihr noch zu Hilfe kam, damit der Welt die unvergängliche Reinheit der Mutter Gottes umso deutlicher erschiene?'»[47].

— Der INTELLEKTUELLE INHALT der Pietà ist die Marien- und Christusverehrung des vorreformatorischen Katholizismus. Damit bewegt sich Michelangelo im Feld der katholischen WELTANSCHAUUNG. Er schuf eine Maria mit einem zeitlos jugendlichen Gesicht und wollte damit offenbar die unvergängliche Reinheit der Mutter Gottes ausdrücken. Der bibelgläubige Kunstbetrachter kann zwar diese Marienverehrung Michelangelos nicht teilen, denn die Heilige Schrift spricht nirgends von der unvergänglichen Reinheit Marias und rechtfertigt keinen Marienkult[48].

— Die INTEGRATION VON BOTSCHAFT UND MEDIUM, die Einheit von Form und Inhalt sind in der Pietà auf ideale Weise verwirklicht. Der Marmor als Medium und die Form der dreidimensionalen Skulptur eignen sich bestens zur Darstellung des Motivs der Pietà, das vor Michelangelo schon wiederholt von Malern behandelt worden war. *«Während alle andern Meister ein mehr oder weniger expressives Bild des Schmerzes und des Todes zeichnen, hat Michelangelo das Motiv ganz neu gefasst. Eine jugendlich blühende Madonna hält den Toten wie ihr Kind im Schoss. All ihr Schmerz ist in Schönheit, all ihr Leiden in Zuversicht verwandelt... Obwohl die Gruppe den tiefsten und dunkelsten Punkt im Dasein des Menschensohnes beschwört, mutet sie wie ein Bild der Erlösung an, und auf den Lippen des Hingeschiedenen scheint das letzte der johanneischen Kreuzesworte eben noch zu verklingen: 'Es ist vollbracht.'»*[49].

— Die Pietà ist ein Kunstwerk von wunderbarer GESTALT und beeindruckendem GEHALT. Der Betrachter kann sich der GEWALT des Werkes nicht entziehen.

Beurteilung von Musikstücken

Die vier Kriterien lassen sich nun auch für die Beurteilung musikalischer Kompositionen und ihrer Interpretation anwenden.

Die technische Leistung des Komponisten und der Interpreten

Zuerst muss nach der technischen Leistung des Komponisten gefragt werden: Hat er das Stück sorgfältig ausgearbeitet? Ist es gut aufgebaut, was Melodie, Harmonie, Rhythmus und musikalische Mittel betrifft? Sind die Instrumente ihrer Art entsprechend eingesetzt worden? Hat der Komponist dem Werk eine überzeugende Gestalt gegeben? Beim Vortragen eines Musikstückes kann die technische Leistung des Dirigenten und der interpretierenden Musiker beurteilt werden, bei der Produktion einer Schallplatte spielt überdies die Leistung der Tontechniker im Studio eine wichtige Rolle.

Die Integrität des Komponisten und der Interpreten

Die Integrität des Komponisten und seiner Mitarbeiter lässt sich besonders in der Musik mit Lied- und Chortexten, aber auch in rein instrumentalen Werken beurteilen: Drückt der Komponist seine Gefühle und Gedanken ehrlich aus, oder schreibt er nur kommerzielle Stücke, die einer bestimmten Hörerklasse gefallen und sich gut verkaufen lassen? Ist der Interpret voll überzeugt von dem, was er singt oder spielt, und ist es sein ehrliches Anliegen, dem Werk in jeder Hinsicht gerecht zu werden? Oder geht es ihm vor allem um das Ansehen seiner Person? Will er seine Musikalität und Virtuosität zur Schau stellen?

Zur Frage nach der Integrität beim Interpreten wollen wir folgende Anekdote anführen: Niklaus Bolt erzählt in *«Wege und Begegnungen»*: *«Ein grosser Konzertstern sang einmal in Neuyork bei der Hauptprobe des Messias von Händel die Arie 'Ich weiss, dass mein Erlöser lebet'. Es klang wundervoll; der Chor, Hunderte von Sängern, sah gespannt auf den Musikdirektor, der auf die Künstlerin zutrat. Was wird er ihr sagen? 'Madame, Sie haben ein prachtvolles Organ und vollendete Stimmtechnik. Nur wissen Sie nicht, dass Ihr Erlöser lebt'.* »[50].

Der intellektuelle Inhalt und die Weltanschauung

Der Inhalt und die einbezogene Weltanschauung einer Komposition lassen sich anhand von Lied- und Chortexten am leichtesten beurteilen, aber auch der rein musikalische Teil einer Komposition lässt auf das Weltverständnis des Komponisten schliessen. Ist der Gehalt durchdacht und überzeugend ausgedrückt? Ist er vom biblischen Standpunkt aus wahr oder falsch? Ein Musikstück kann aber auch rein ästhetischen Wert haben und einen Gefühlsausdruck mitteilen, ohne einen klar erfassbaren intellektuellen Inhalt auszudrücken.

Die Integration von Botschaft und Medium

Dieses Kriterium ist besonders wichtig bei Musik, die mit Lied- und Chortexten dem Hörer eine bestimmte Botschaft vermitteln will. Entspricht die Musik dem Inhalt des Textes oder laufen die beiden gar gegeneinander?

Hier muss an das Verhältnis von Text und Musik erinnert werden: Ein schlechter Text, gut vertont, mindert die Qualität des ganzen Werkes, desgleichen schlechte Musik mit einem guten Text. Im Lauf der Musikgeschichte kam es allerdings immer wieder vor, dass hervorragende Komponisten mit schlechten Textdichtern zusammenarbeiten mussten. Trotzdem haben viele solche Werke bleibenden Wert, weil die ausserordentlich schöne Musik über den banalen Text hinwegsehen lässt. Weiter muss gefragt werden, ob der Text für den Komponisten ein Mittel ist, seine Musik zum Ausdruck zu bringen, ob also die menschliche Stimme als Musikinstrument gebraucht wird, oder ob die Worte dem Hörer möglichst gut verständlich gemacht werden sollen. Beide Möglichkeiten haben ihre Berechtigung.

Auch bei der rein instrumentalen Musik muss die Integration gewährleistet sein: Wird die musikalische Botschaft mit entsprechenden Mitteln ausgedrückt? Werden die Instrumente ihrem Charakter gemäss eingesetzt?

Gestalt, Gehalt und Gewalt einer Komposition

Wie in der Bildhauerei und Malerei wird der Gehalt zusammen mit der Gestalt die Gewalt einer Komposition ausmachen.

Ist Musik neutral?

In einem Magazin für christliche Musik und Kunst war zu lesen: *«Kein Ding, keinerlei Musik ist an sich gut oder schlecht, sondern so gut oder so schlecht wie die Menschen, die sich darin engagieren.»*

In einem Buch können wir lesen: *«Musik als solche kann weder 'christlich' noch 'unchristlich' sein; sie ist zunächst eine objektive freie Kunstform, der weitgehend weltanschauliche Wertneutralität zugestanden werden muss»*[51].

Zum ersten Zitat muss gesagt werden, dass die Musik nur dank Menschen existiert, die sich darin engagieren. Musik, unabhängig von engagierten Menschen, und damit neutrale Musik, gibt es nicht. Jedes gespielte Musikstück, jede vorgetragene Musik ist eine Botschaft, die eine Wirkung auf den Hörer ausübt. Gespielte Musik ist nie neutral! Sogar ein einzelner Akkord kann auf dem Klavier zart oder im Fortissimo angeschlagen werden: die Botschaft und die Wirkung auf den Hörer sind dabei verschieden. Auch die Partitur eines Musikstückes ist nicht neutral, denn in ihr ist die Botschaft des Stückes angelegt. Selbst wenn sie dem Interpreten viel Spielraum lässt, kann er zum Beispiel eine Reihe dissonanter Akkorde nicht plötzlich konsonant, das heisst wohlklingend, spielen.

Ein guter Künstler hat eine eigene, durchdachte Weltanschauung. Unabhängig von ihr kann er nicht komponieren. Ist das Universum für ihn eine sinnlose, unpersönliche und selbstzerstörerische Maschine, so werden seine Kompositionen diese Überzeugung in musikalischer Sprache ausdrücken. Freut sich hingegen ein Komponist an der sinnvollen Harmonie in der Schöpfung, so wird seine Musik diese Freude und Harmonie widerspiegeln. Aus diesen Gründen kann der Musik nicht *«weitgehend weltanschauliche Wertneutralität zugestanden werden»*.

Lied- und Chortexte schliessen die Wertneutralität einer Komposition noch deutlicher aus. Texte sind nie neutral. In einem guten musikalischen Werk stimmen die Sprache der Musik und die des Textes überein und ergänzen einander[52].

D. Hartwich zeigt anhand eines Vergleichs der Beatles mit Bob Dylan, wie Musik und Text Informationsträger und somit nicht neutral sind: *«Die Musik scheint für Dylan lediglich Transportmittel für den Text zu sein, ganz im Gegensatz zu den Beatles, die, wie wir sahen, die Musik immer da zum Informationsträger gemacht hatten, wo sie meinten, mit Worten nicht mehr weitergehen zu dürfen. Dylans Text ist wesentlich eindeutiger; der Autor verlässt sich auf die Kraft des Wortes, und sein Desinteresse an der Ausarbeitung des Musikalischen zeigt sich bei der Betrachtung des Materials für Strophe und Refrain. Er erfindet... keine neue Melodie für die Strophe, entnimmt alles melodische Material dem Refrain, und wenn er wegen der ungleichen Länge der Strophen mehr Formteile benötigt, so werden Melodieteile von der benötigten Ausdehnung wiederholt. Das ist die Technik des Folk- und Protest-Sängers, dessen primäres Interesse dem Text gilt.*

Die gleiche Sorglosigkeit der musikalischen Ausgestaltung gegenüber zeigt sich in der Behandlung der Begleitung. Während die Beatles sowohl im Bereich der Primärfaktoren als auch in denen der Sekundär- und Tertiärfaktoren keinen 'Kniff' auslassen, um mit den Mitteln der Musik das Gemeinte in seiner Deutlichkeit zu unterstreichen (vgl. Analyse 'A Day In The Life'), begnügt sich Dylan mit dem Klang der Gitarre in gebrochenen Akkorden sowie mit der Mundharmonika, der er in rein füllender Funktion Zwischenspiele anvertraut, in denen kein Versuch zur Illusionserzeugung unternommen wird. Die Musik hat bei Dylan — und das sollte auch später so bleiben, als er sich Begleitbands zulegte, die mit einer Reihe von elektronisch verstärkten Instrumenten arbeiteten — lediglich stützende, füllende und begleitende Funktionen. Dylan verlässt sich auf die von ihm erzeugten Wortkaskaden, denen SHAW auch ohne Musik- oder Drogenzutaten rauscherzeugende Wirkungen zutraut»[53].

Auch H.R. Rookmaaker sagt, Musik sei nie neutral. *«Wenn eine Platte auf dem ersten Platz der Hitliste steht (ich beziehe mich auf Rock und Pop), wird sie von vielen Leuten angehört. Dann ist es dringend nötig, ihre Bedeutung, ihren Inhalt und den Einfluss, den sie auf die Hörer ausübt, zu untersuchen; und zwar nicht nur in bezug auf den direkten Sinn eines Wortes, einer Notenlinie oder des Textes. Die Musik ist durch das Zusammenwirken von Melodie, Rhythmus und Harmonie expressiv, das heisst, sie drückt eine Gesinnung, eine Lebenshaltung, eine Denk- und Gefühlsart und einen bestimmten Zugang zum Leben und zur Wirklichkeit aus. Diese Wirkung muss geprüft werden, da die Musik dazu beiträgt, die Lebenshaltung ihrer Hörer zu gestalten. Wie reagieren wir darauf? Unsere Ansichten sind nicht bedeutungslos. Mit unserer Reaktion lösen wir kleine Wellen aus, die unsere Zeit beeinflussen. Je hochstehender die Platte künstlerisch ist, umso wichtiger ist unsere Diskussion... Was tun wir mit der Musik, wenn ihre 'Energie' weltlich und gesetzlos ist, wenn sie Ungewissheit oder sogar Verzweiflung ausdrückt? Die Musik, die wir hören, ist ein Teil unserer Umgebung und unserer Lebenshaltung, das heisst, ein Teil von uns selbst»*[54].

H.R. Rookmaaker sagt weiter ganz allgemein: *«Kunst ist nie neutral, und immer wird unser ganzes Menschsein mit einbezogen, wenn wir sie mit dem richtigen Verständnis besprechen wollen»*[55].

Hinweis für die christliche Anwendung nichtmusikalischer Ausdrucksmittel

Im vierten Kapitel wurden die nichtmusikalischen Ausdrucksmittel der Rock-Kultur besprochen: Plattenhüllen, Song-Texte, Zeitschriften, Konzerte, Filme, Poster, Bücher, Mode.

Es wäre eine interessante Aufgabe, entsprechend der «Musik des Friedens» Kriterien für «Malerei des Friedens», «Grafik des Friedens», «Dichtung des Friedens», «Journalistik des Friedens», «Konzertformen des Friedens», «Filmkunst des Friedens», «Fotokunst des Friedens», «Kleidung des Friedens» zu bestimmen, denn in der christlichen Anwendung der Ausdrucksmittel sollten diese ebenso mit der Schöpfungsordnung Gottes übereinstimmen, wie die Musik, und vor allem sollten sie die Werte und Merkmale der christlichen Lebenshaltung zum Ausdruck bringen[56].

Zur Beurteilung der Darstellung können auch hier die Kriterien «technische Leistung», «Integrität», «intellektueller Inhalt und Weltanschauung» und «Integration von Botschaft und Medium» beigezogen werden. Der Gehalt macht zusammen mit der Gestalt die Gewalt der dargestellten Aussage aus.

Innerhalb einer ganzen Musikkultur muss die Integration von Musik und Ausdrucksmitteln gewährleistet sein. Die bibelgläubigen Christen haben hier ein weites Betätigungsfeld und viel Raum zu schöpferischer Tätigkeit, um eine wahrhaft christliche Musikkultur zu schaffen.

Christliche Lebenshaltung im Konzertsaal

Das Starwesen wird heute in allen Lebensbereichen auf die Spitze getrieben. Im Sport, in der Musik, im Theater, in der Kunst, im Filmwesen und in der Politik werden Stars und Superstars umjubelt und vergöttert — oder niedergeschrien, wenn sie einmal versagen.

Seit dem Sündenfall verehrt der gottlose Mensch das Geschöpf mehr als den Schöpfer. Die Bibel sagt: *«Denn obschon sie* (die Menschen) *Gott erkannten, haben sie ihn doch nicht als Gott gepriesen und ihm nicht gedankt, sondern sind in ihren Gedanken in eitlen Wahn verfallen, und ihr unverständiges Herz wurde verfinstert. Da sie sich für weise hielten, sind sie zu Narren geworden und haben die Herrlichkeit des unvergänglichen Gottes vertauscht mit dem Bild vom vergänglichen Menschen, von Vögeln und vierfüssigen und kriechenden Tieren»*[57].

Rö. 1/21... 23

Zudem gehört es zur sündigen Natur des Menschen, dass hochbegabte Leute oft überheblich, stolz und hochmütig sind, obwohl sie ihre Talente verdienstlos mit in die Wiege geschenkt bekamen – und seine Wiege hat bekanntlich kein Mensch selbst ausgewählt. Es gehört zur Schizophrenie des sündigen Menschen, dass er mit Dingen prahlt, die er verdienstlos geschenkt bekam. Paulus schrieb den Korinthern: *«Was besitzest du aber, das du nicht empfangen hast? Wenn du es aber empfangen hast, was rühmst du dich, wie wenn du es nicht empfangen hättest?»*[58]. Wer sich auf seine Begabung etwas einbildet, verrät den gefallenen Zustand seines Wesens: *«Siehst du einen Mann, der sich selbst weise dünkt, so kannst du für einen Toren mehr Hoffnung haben als für ihn!»*[59].

«Wehe denen, die in ihren eigenen Augen weise sind und sich selbst verständig dünken!»[60].

«Niemand betrüge sich selbst! Dünkt sich jemand unter euch weise zu sein in dieser Weltzeit, so werde er ein Tor, damit er weise werde! Denn die Weisheit dieser Welt ist Torheit vor Gott; denn es steht geschrieben: 'Er fängt die Weisen in ihrer List'. Und wiederum: 'Der Herr kennt die Gedanken der Weisen, dass sie eitel sind'.»[61].

Leider lassen sich auch wiedergeborene Christen vom Stardenken anstecken: Sie begeistern sich übermässig für einen «Starprediger», einen «Starevangelisten» oder einen «christlichen Musikstar» und messen ihm mehr Wichtigkeit bei als Gott, obwohl der Betreffende oft keineswegs verehrt werden möchte. In der Gemeinde von Korinth bekämpfte Paulus diese Fehlhaltung: *«So brüste sich nun niemand mit Menschen!»*[62].

Das ausgeprägte Starwesen zeigt sich heute zum Beispiel in der Plakatwerbung für klassische Konzerte: die Namen der Interpreten werden oft in Grossdruck und die Werke in Kleinschrift angegeben, als wäre es gar nicht wichtig, was gespielt wird, sondern nur noch wer spielt.

Wie können nun der Künstler und das Publikum im Konzertsaal eine christliche Lebenshaltung einnehmen?

Grundsätzlich muss jede Vergötterung des Menschen abgelehnt werden, auch wenn sie in noch so unmerklicher und wohlerzogener Weise praktiziert wird. Für die Haltung der Musiker und der Hörer soll vielmehr das Lob des Schöpfers und Dankbarkeit gegenüber Gott bestimmend sein. Der Künstler dankt Gott und lobt ihn für die Freude an der Musik, für seine Begabung, für seine Gesundheit und die Lebensumstände, die ihm das Konzertieren ermöglichen. In erster Linie musiziert er ja zur Ehre Gottes! Dem Publikum kann er für die Aufmerksamkeit und das gezeigte Interesse danken. Der Konzertbesucher seinerseits dankt Gott als dem Geber aller guten Gaben[63] für die Musik, für die ausserordentliche Begabung, mit welcher der Schöpfer den Künstler beschenkt hat und für die Lebensumstände, die das Konzert ermöglichten. Mit dem Applaus bedankt sich der Hörer beim Künstler für die grosse Mühe und Arbeit, die er für seine Ausbildung, für die Vorbereitung des Auftritts und für das Konzert selber aufwandte. Ähnlich wie wir der Hausfrau für das gute Essen danken, danken wir dem Musiker für sein Konzert. Anna Magdalena Bach beschreibt, wie ihr Mann auf Applaus reagierte: *« Wenn er in fremden Städten Orgel spielte... so brach sich natürlich Beifall und Bewunderung von seinen Zuhörern los, und er nahm ihn immer ruhig auf als den natürlichen Zoll an Lob und Preis, der seinem Musikertum gebührte. Ich habe aber nie gesehen, dass ihn Bewunderung erregte oder das Fehlen von Beifall verstimmte. Ich fühlte immer, er trug in sich einen andern Massstab als den, den die Welt überhaupt anlegen konnte.*
Damit will ich aber nicht sagen, dass ihm Billigung der Kunstfreunde nicht wohlgetan und dass er sie nicht dankbar empfunden habe... »[64].

Applaus, wo überhaupt nötig, ist im Rahmen der christlichen Lebenshaltung sowohl für den Künstler wie auch für das Publikum ein Ausdruck der Freude und Dankbarkeit, und nie der Vergötterung von Menschen. Das setzt weiter voraus, dass Musiker und Hörer über der « Vermarktung » der Musik stehen; nie sollte der Interpret im Konkurrenzkampf gegen seine Kollegen stehen und eine noch bessere und teurere

Ware anbieten wollen, die das verwöhnte Publikum gegen entsprechende Bezahlung auf bekrittelnde Weise konsumiert.

Christliche Lebenshaltung im Konzertsaal kennzeichnet sich also vor allem durch das Lob des Schöpfers, durch Freude und Dankbarkeit gegen Gott und Menschen, und nicht durch Menschenruhm. Paulus ruft auf: *«Seid in allem dankbar!»*[65] und der Psalmist lobt Gott: *«Singet dem Herrn ein neues Lied, sein Lob in der Gemeinde der Frommen! Israel freue sich seines Schöpfers, die Kinder Zions sollen jubeln über ihren König! Sie sollen seinen Namen loben im Reigen, mit Pauken und Harfen ihm spielen!»*[66].

IX. Christliche Rock-Musik?

Grundsätzliche Fragen

Im Bereich der neuen christlichen Musik prallen die Meinungen in bezug auf die Integration von Botschaft und Medium hart aufeinander: Ist das Evangelium mit Rock-Musik vereinbar? Diese Frage soll uns hier beschäftigen.

Eine ausführliche Besprechung der christlichen Rock- und Pop-Musik würde für sich die Seiten eines Buches füllen. Darum können die folgenden Gedanken nur einige Hinweise geben. Um die Problematik der christlichen Rock- und Pop-Musik kurz zu erfassen, zitieren wir Andreas Malessa in *«Der neue Sound»*:

«Die Bezeichnung 'christliche Popmusik' ist strenggenommen absurd und enthält mindestens zwei Widersprüche: Musik als solche kann weder 'christlich' noch 'unchristlich' sein; sie ist zunächst eine objektiv freie Kunstform, der weitgehend weltanschauliche Wertneutralität zugestanden werden muss. 'Popmusik im Dienste christlicher Verkündigung' wäre ein besserer Begriff, verkennt aber den künstlerischen Ausdruck der Instrumentalbegleitung zugunsten des gesungenen Textes. Auf dieses spannungsreiche Verhältnis von 'Kunst und Verkündigung' komme ich an späterer Stelle zu sprechen.

Der zweite Widerspruch steckt darin, dass es der 'christlichen Popmusik' eben nicht um die 'Verchristlichung' von Ausdrucksformen geht, die auf einer total säkularisierten und oft genug bewusst atheistischen Lebensphilosophie gewachsen sind, so als könne man alles ausserhalb der Kirche

Entstandene schon zur Auferbauung der Christen innerhalb der Kirche benutzen, wenn nur die Motivation des Benutzers christlich ist. Es geht ihr vielmehr um die Botschaft an die Welt in der Sprache der Welt. Die Zielrichtung der hier verhandelten Musik ist primär missionarisch.

Diese Zielrichtung ist für mich der Grund, die 'christliche Popmusik' nicht einfach in 'Sacro Pop' umzubenennen (was oft getan wird), denn 'Sacro Pop' will neue Musik für die Kirche machen — christliche Popmusik dagegen macht alte Musik für die Welt! (Wer wollte nach 100 Jahren amerikanischem Folk, 75 Jahren Blues und 25 Jahren Rock'n'Roll noch von 'neuer' Musik sprechen?)

Verdienstvolle Kirchenmusikschaffende wie der Düsseldorfer Oscar Blarr, das bekannte 'Peter Janssen Gesangsorchester' oder die 'Beat-Messen' des 'Schwann'-Schallplattenverlages machen bzw. sind m.E. 'Sacro Pop' und keine 'christliche Popmusik', weil ihr Hauptanliegen die Liturgie und nicht die Evangelisation ist.

Der verächtliche Vorwurf, die Lieder der 'christlichen Popmusik' seien kurzlebig, musikalisch niveaulos und für den Gesang der im Gottesdienst versammelten Gemeinde unbrauchbar, kann den 'christlichen Popmusiker' nicht erschüttern: Er will nicht die Liturgie oder die Gesangbücher kommender Jahrhunderte verändern, sondern die Denkweise säkularisierter Zeitgenossen heute. 'Christliche Popmusik' ist der 'Abholer', der den industrialisierten Neu-Heiden des 20. Jahrhunderts in seinem (vielleicht vermarkteten und trivialen) kulturellen Kontext anspricht. Lässt dieser sich tatsächlich 'abholen' — kommt er also zum lebendigen Glauben an den auferstandenen Christus und findet in eine Gemeinde — dann hat die geringgeschätzte 'Gebrauchsmusik' ihre Funktion erfüllt und kann getrost aus den Musiklexika nachfolgender Generationen verschwinden (bzw. gar nicht erst dort auftauchen). Nicht der Zweck heiligt die Mittel, sondern Gott bestätigt durch geistgewirkte Frucht die Motivation des Musizierenden, aus missionstheologischen Gründen die Musik seiner augenblicklichen Zeit zu verwenden.

Also 'zeitgemässe evangelistische Musik' oder sogar 'angepasste Missionsmusik'»[1] *?*

«Für die Musik heisst das: Nicht der defensive Rückzug in den stillen Raum der Kirche und das wachsame Zurückdrängen hereinströmender 'weltlicher' Formen sollte die Christen kennzeichnen, sondern eine offensive 'Beschlagnahmung' und 'Heiligung' derselben. Dass sich dabei manche Formen für den Gebrauch innerhalb der Kirche ändern mögen, um z.B. für 'Neubekehrte' keine gefährdenden Assoziationen in die Anbetung einfliessen zu lassen, sollte klar sein.
Aber nicht durch solche aus 'andachtspsychologischen' Gründen vorgenommenen Änderungen wird die Musik 'geheiligt', sondern durch ihre bewusst vollzogene Inbesitznahme für das Lob und die Verkündigung!

Seit Jesus Christus soll nicht nur die 'weltliche' Musik 'geistlich' werden — auch die bisher 'sakrale Kunst' soll in die 'Welt' hineinwirken»[2].

Diese Zitate werfen einige Fragen auf, die zum Nachdenken anregen! Dass vorgetragene Musik nicht wertneutral sein kann, wurde im vorangehenden Kapitel begründet. Kann nun Rock-Musik *«im Dienste christlicher Verkündigung»* stehen? Was bedeutet es, die biblische Botschaft *«an die Welt in der Sprache der Welt»* auszudrücken? Darf man unterscheiden zwischen *«neuer Musik für die Kirche»* (Sacro Pop) und *«alter Musik für die Welt»* (christliche Pop-Musik)? Kann Musik des Friedens nur den Zweck des *«Abholers»* erfüllen, um den industrialisierten Neuheiden des 20. Jahrhunderts anzusprechen — und um nachher weggeworfen zu werden? Was hat die Frage nach *«angepasster Missionsmusik»* mit einer biblischen Sicht von Mission und Musik zu tun? Was bedeutet offensive *«Beschlagnahmung und Heiligung der weltlichen Formen»*? Unser Rahmen erlaubt es nicht, all diese Fragen gründlich zu beantworten, aber andeutungsweise kann folgendes gesagt werden: Spontane schöpferische Tätigkeit, laienhaftes Vertonen von Texten, Improvisation und gesunde musikalische Spielereien haben im Rahmen der christlichen Gemeinschaft durchaus ihren Platz; natürlich soll nicht beabsichtigt werden, solche Eintagsfliegen zu veröffentlichen. Aber der bibelgläubige Komponist und Interpret sollte keine angepasste Missionsmusik, Gebrauchsmusik, Wegwerfmusik oder Werbemusik zu evangelistischen Zwecken machen. Sein Wunsch und sein Ziel müssen vielmehr sein, in Übereinstimmung mit der Schöpfungsordnung Gottes zu komponieren und zu spielen. Es geht nicht darum, Gebrauchsmusik zu schreiben, sondern als Christ zur Ehre Gottes schöpferisch tätig zu sein. Wenn dabei die technische Leistung und die Integrität des Musikers, der Inhalt des Werkes und die Integration von Botschaft und Medium überzeugend sind, wenn das Werk Gehalt, Gestalt und Gewalt besitzt, wird der Neuheide des 20. Jahrhunderts in jedem Falle «abgeholt» werden.

Die richtige Musik zum entsprechenden Anlass

Die Integration von Musikart und Anlass

In diesem Zusammenhang wollen wir uns noch ein paar Gedanken über die Verwendungsmöglichkeiten der Musik machen. Die verschiedenen Musikarten können nicht wahllos in jeder Lebenssituation eingesetzt werden. Eine Abdankungsfeier «verschönert» man nie mit schweizerischer Ländlermusik, und an einer Hochzeit wird kaum Trauermusik gespielt. Desgleichen eignet sich auch nicht jede Musik zu evangelistischen Zwecken. Die meisten Stücke schweizerischer Ländlermusik können wohl als Musik des Friedens gelten, sie werden aber nicht an einer Evangelisation gespielt, weil sie schlichtweg nicht zu diesem Anlass passen, obwohl man vielleicht die Ländlerfreunde damit besonders gut «abholen» könnte. So wie bei einer guten Komposition Botschaft und Medium zu einer Einheit verschmelzen müssen, so muss ebenfalls die Integration von Musikart und Anlass gewährleistet sein.

Einseitig körperbetonte, in Trance versetzende, berauschende, hypnotische oder ekstatische Musik darf darum anlässlich eines Gottesdienstes oder einer Evangelisation nie gespielt werden, weil die Musik den Hörer darauf vorbereiten sollte, mit klarem Kopf die Predigt des Wortes Gottes aufzunehmen.

Bob Dylan als Beispiel eines christlichen Rock-Musikers

Weil es der zur Verfügung stehende Raum nicht erlaubt, gründlich auf verschiedene Komponisten der christlichen Rock-Szene einzugehen, sollen hier die Platten *«Slow Train Coming»* («Ein langsamer Zug kommt»)[3], *«Saved»* («Gerettet»)[4] und *«Infidels»* («Ungläubige») von Bob Dylan als repräsentative Beispiele herbeigezogen werden. Wir werden dabei zugleich die im achten Kapitel beschriebenen Grundsätze anwenden.

1980 gab ein Journalist, der nach eigener Aussage nicht an Gott glaubt, sein Urteil über Dylans Hinwendung zum Christentum ab:

Bob Dylans neues Glaubensbekenntnis

«Amerikas Rockidol Bob Dylan beruft sich neuerdings gerne auf die christliche Heilsbotschaft, durch die er angeblich von seinen weltlichen Qualen erlöst und in neuem Glauben wiedergeboren worden sei. Ob es der 'Mann der tausend Masken, Lügen und Täuschungen' (so ein Kritiker) ehrlich meint, bleibe angesichts der momentan in den USA stark verkommerzialisierten 'Born again'-Bewegung einmal dahingestellt. Sicher ist jedoch, dass von seiner religiösen Musik eine gewaltige Kraft ausgeht, der man sich, selbst wenn man nicht an Gott glaubt, kaum entziehen kann.

Mehr noch als auf seinem letzten Album 'Slow Train Coming', das seine Bekehrung zum christlichen Glauben ankündigte, schöpft Dylan auf seiner neuesten Langspielplatte 'Saved' aus dem Fundus der amerikanischen Gospelmusik. Hypnotische Blues- und Soulnummern verdichten sich zu kirchlichen Lobgesängen, wie man sie selbst von 'reinen' Gospel- und Jesus-Musik-Sängern noch nie gehört hat.

Bob Dylan hat viel von der traditionellen Kirchenmusik des farbigen Amerikas gelernt. Seine mit modernen Rock- und Rock'n'Roll-Elementen durchwirkte Gospelmusik versetzt in Trance, Körper und Hände bewegen sich wie von selbst im Rhythmus der Musik. Ähnlich wie bei 'Slow Train Coming' könnten auch die meisten Lieder von 'Saved' in jedes zeitgenössische Gesangbuch aufgenommen werden. Bob Dylan redet unaufdringlich seinen Herrn als Freund und Seelenretter an ('I'm being saved by the soul man', 'Ich wurde gerettet durch den Seelenmann'*), bietet jedoch gleichzeitig seine Hilfe und Dienste als Dank dafür an, dass Jesus am Kreuz für ihn gelitten und ihm jedes Mysterium erklärt habe ('What can I do for you? You've laid down your life for me, explained every mystery to me',* 'Was kann ich für Dich tun? Du hast Dein Leben für mich gegeben und mir jedes Geheimnis erklärt'*).*

Darüber hinaus erweist sich der Sänger mit der nasalen Stimme nicht nur als ausgesprochen bibelfest, er versteht seine Bibelkenntnisse auch musikalisch und textlich entsprechend umzusetzen. Als interessantestes Lied kann der Song 'Garden' gelten, in dem Dylan in drei, vier Versen die Passionsgeschichte erzählt. Die Verse sind knapp und präzise, bildhaft und polemisch, fassen in wenigen Worten und sogar mit geschickten Sprachkürzeln die Aussage jener Ereignisse auf eine Weise zusammen, dass man das Sprachgenie Dylan nur bewundern kann: 'When they came to the garden, did they know he was the son of the Lord? When he came to the city, did they hear he healed the blind and the crippled, did they see? When they spoke out against him, did they dare to put the crown upon his head, didn't they?' 'Als sie zum Garten kamen, wussten sie, dass er der Sohn des Herrn ist? Als er in die Stadt kam, hörten sie, wie er die Blinden und die Krüppel heilte, sahen sie es? Als sie gegen ihn aussagten, wagten sie es, die Krone auf sein Haupt zu setzen, nicht wahr?'

Bob Dylans Glaubensbekenntnis angesichts dieser Sprachgewalt herunterzumachen wäre ungerecht, ja lästerlich. Zudem klingen seine Lieder musikalisch überzeugend und sind mit versierten Backgroundchören, subtilen Orgelklängen und aufschreiender chromatischer Mundharmonika überaus attraktiv arrangiert. (Das neue Album von Bob Dylan wird in einigen Tagen mit dem Titel 'Saved' von CBS veröffentlicht. Bestellnummer 86 113).»[5] *Peter Figlestahler*

Mit der Platte *«Infidels»* (1983) stehen wir vor einer neuen Situation bei Bob Dylan:

«... Recht politisch und gesellschaftskritisch gibt sich auch wieder einmal Bob Dylan. Seine religiöse «Born Again» — Bekenntnis-Phase, die sich in seinen letzten drei Langspielplatten bezahlt machte, scheint vorbei zu sein. Denn auf seinem jüngsten... Album, das er spöttisch «Infidels» (Ungläubige) taufte, spricht er mit keinem Wort vom Neugeborenwerden in Christo. Statt dessen ist viel die ironische Rede von «Satan, dem Friedensmann, der dich mit der Zärtlichkeit des Biests verwöhnt», doch nur Unheil sät («Man of Peace»); vom sinnlosen Morden in der Nachbarschaft («Licence to Kill») und vom Untergang des Paradieses in Amerika («Union Sundown»). Doch ein Lied, («Neighborhood Bully»), nimmt recht einseitig Partei für Israel, und in einem weiteren, «Sweetheart Like You», zeigt sich Dylan eher hochnäsig gegenüber Frauen, so dass sein Album, bei aller wunderbaren Musik und perfekten Produktion, gemischte Gefühle hinterlässt. Aber wahrscheinlich meint Bob Dylan, wie so oft, genau das Gegenteil von dem, was er singt, und von dem, was die Kritiker in seine Lieder hineininterpretieren...» Peter Figlestahler, «Neue Zürcher Zeitung», 17./18. Dezember 1983, S. 71.

«... Dylan machte eine Zeit tiefer geistlicher Ungewissheit durch, über die ab und zu etwas verlautete, ...: Bob ist nun wiedergeboren; Bob ist wieder weniger christlich... ist nicht mehr Christ; Bob sucht seine Wurzeln im Judentum. Die Informationen waren verwirrend, ebenso die Schallplatten... Dylans Songs vom Glauben brachten es fertig, ehrerbietig und unverbindlich zugleich zu sein, als versuche er im Singen vor Zuhörern auch sich selbst zu überzeugen und seine ruhelose Seele zu stillen.
»Auf der Platte «Infidels» scheint er wieder mit der Ruhelosigkeit versöhnt — und voll von Kampflust und jenem alten verwundenden Groll, der einem wie ein Stachel das Herz aufreisst. «Jokerman» (Spassmacher, Spassvogel), *das überwältigende erste Stück dieser Schallplatte, enthält einen typisch bissigen und rätselhaften Vorwurf: «Du gehst*

nach Sodom und Gomorrah / Doch was kümmert es dich? Dort ist keiner, der deine Schwester würde heiraten wollen!» Der Jokerman im Titel ist wie viele von Dylans sinnbildlichen Hauptfiguren zum Teil Heilsjäger, zum Teil satanischer Verdreher, und die ganze Platte ist wie eine locker arrangierte Pilgerfahrt durch emotionalen Überdruss und politisches Chaos. «Sweetheart Like You», mit einer lieblichen, einschmeichelnden Melodie, übernimmt das älteste Cliché vom Repertoire («Was tut ein Schatz wie du da im Müll?») und führt von einem sinnlichen «Komm mit» in ein Bild der Hölle, das überraschend und witzig und damit besonders eindrucksvoll ist...» Jay Cocks in «Time», 5. Dezember 1983, S. 70.

Dylan ist nach seiner «Bekehrung» nicht wie Joseph[6], Mose[7] und Paulus[8] lange Zeit in der Einsamkeit gewesen, um von falschen Denkformen befreit zu werden[9] und um sich erneuern zu lassen[10], sondern er hat weiter konzertiert und Platten aufgenommen. G. Getz dagegen warnt vor der Praxis, Neubekehrte sofort ins Rampenlicht zu stellen. *«Infidels»* beweist vier jahre nach *«Slow Train Coming»*, dass bei Bob die Früchte einer echten Wiedergeburt fehlen. Wem das Heil der Mitmenschen am Herzen liegt, der wird um eine klare Botschaft bemüht sein. Mit den Journalisten Figlestahler und Cocks erkennen wir aber auf *«Infidels»* keine vom biblischen Denken geprägte Texte, sondern eine rätselhafte, verwirrende Botschaft der Ruhelosigkeit und nicht des göttlichen Friedens.

Ist Bob Dylans Musik von «Slow Train Coming» und «Saved» Musik des Friedens?

Dylans TEXTE sind meist prägnant formuliert und trotz der Einfachheit des Aufbaues der Strophen aussagekräftig. Man denke nur an den Refrain von *«Gotta Serve Somebody»* («Du musst jemandem dienen»):

> *«But you're gonna have to serve somebody, yes [indeed,*

You're gonna have to serve somebody.
Well, it may be the devil or it may be the Lord,
But you're gonna have to serve somebody.»

«Aber du musst jemandem dienen, in der Tat,
Du musst jemandem dienen.
Nun, es mag der Teufel sein, oder es mag der Herr [sein,
Aber du musst jemandem dienen»[12].

Wir erinnern uns, dass sich Dylan seit jeher auf die Kraft des Wortes verlässt, und dass für ihn die Musik oft nur stützende, füllende und begleitende Funktion hat[13] — im Gegensatz zu Rockbands, deren Songtexte unbedeutend sind, die die Stimme lediglich als Musikinstrument gebrauchen und bei denen somit die Musik alleiniger Informationsträger ist. In diesem Sinne ist Dylan nicht repräsentativ für den grossen Teil der Rock-Musiker.

In bezug auf die MUSIK ist es höchst interessant, dass Peter Figlestahler in seinem Artikel *«Bob Dylans neues Glaubensbekenntnis»* von hypnotischen Blues- und Soulnummern redet und sagt: *«Seine mit modernen Rock- und Rock'n'Roll-Elementen durchwirkte Gospelmusik versetzt in Trance, Körper und Hände bewegen sich wie von selbst im Rhythmus der Musik»*[14].

Dazu muss bemerkt werden, dass Musik mit hypnotischer Wirkung, Musik, die in Trance versetzt und einseitig körperbetont ist, nicht Musik des Friedens sein kann, denn der Mensch ist nicht dazu geschaffen, sich einschläfernden und den Willen lähmenden Einflüssen auszusetzen, um sich in einen Dämmerzustand hineinzubegeben.

Um nicht in der Theorie zu bleiben, versuche ich im folgenden, einige Stücke aus *«Slow Train Coming»* und *«Saved»* in bezug auf die Elemente der Wiederholung, des Rhythmus, des Textes und der Singweise Dylans stichwortartig zu beurteilen.

In *«Gotta serve somebody»* auf der Platte «SLOW TRAIN COMING» beeindruckt der Text durch seine Einfachheit und steht im Vordergrund. Die Musik fesselt durch ihre mitreissende Kraft, wobei die Singweise Dylans und das Element der Wiederholung eine wichtige Rolle spielen.

Das Element der monotonen Wiederholung fällt in verschiedenen Stücken auf. Es ist in folgenden Songs zu stark: in *«Precious Angel»* gegen den Schluss, in *«Slow Train»* durch den hypnotischen Rhythmus, in *«Gonna Change my Way of Thinking»* durch den eintönigen Rockbeat und die Repetitionen im Text, in *«Do right to me Baby»* und *«When you gonna wake up»* in Text und Rhythmus.

Bei *«Man gave names to all the animals»* und *«When he returns»* sind Text und Musik im Gleichgewicht. Es ist keine einseitig körperbetonte Musik. Diese zwei Stücke können meines Erachtens als Musik des Friedens bezeichnet werden.

Auf der Platte «SAVED» sind in den Stücken *«Saved», «Solid Rock», «Pressing on», «In the Garden»* und in *«Are you ready?»* die Elemente der monotonen Wiederholung und des einseitig körperbetonten Rhythmus zu stark. Das Stück *«Saved»* ist viel zu rockig, um Musik des Friedens sein zu können. Die Titel *«A Satisfied Mind», «Covenant Woman», «What can I do for you?»* und *«Saving Grace»* sind schwierig zu beurteilen. Der Text steht durchwegs im Vordergrund.

In den vier letztgenannten Titeln und in *«I believe in you»* aus *«Slow Train Coming»* kann man die Singweise Dylans klar erkennen. Die unfixierte Tonhöhe (Off-Pitchness), die ungepflegte nasale Stimme und eine Tendenz zum ekstatischen Ausdruck, wie etwa im Stück *«In the Garden»* mit Chor im Hintergrund, kennzeichnen ihn auch heute noch eindeutig als Rocksänger. Seine Wortgewalt kann mit seiner Singweise wie eh und je rauscherzeugende Wirkung haben.

Wir fassen zusammen: Die Platten *«Slow Train Coming»* und *«Saved»* enthalten eindrückliche Stücke. Die technische Leistung Dylans ist überzeugend und der christliche Inhalt seiner Botschaft verständlich. Er wird unüberhörbar mitgeteilt und hat bei seinen früheren Anhängern Proteststürme gegen sein neues Bekenntnis ausgelöst.

Wie steht es mit Dylans Integrität? Seine Werke sind gut gestaltet und haben Gewalt. Aber diese Gewalt wird zum grossen Teil durch Mittel erreicht, die der Musik des Friedens fremd sind. Zu oft fehlt die Integration von Botschaft und Medium, das heisst, die Musik passt nicht zur christlichen Botschaft der Texte.

Unterscheidungsvermögen

Im Zusammenhang mit der Frage nach christlicher Rock-Musik ist es nötig, vom Unterscheidungsvermögen zu sprechen. Jeder bibelgläubige Christ sollte sein Unterscheidungsvermögen in allen Lebensbereichen, und damit auch in der Musik, schulen. Die Bibel redet von unmündigen Christen, die noch unerfahren sind im Worte der Gerechtigkeit. Der reife Christ hingegen hat seine Sinne durch Übung zur Unterscheidung des Guten und des Bösen geschult[15].

Wenn zum Beispiel der anglikanische Pfarrer Garth Hewitt im November 1979 schreibt: *«Die Punk-Musik hat aber auch eine erfreuliche Kreativität in die Popszene von England zurückgebracht. Aus dem Grotesken ist Frische geflossen. Für die Christen eine grossartige Möglichkeit, den Anschluss zu bekommen... Zuerst hatte ich zwar Zweifel, ob christliches Gedankengut in diesem Musikstil ausgedrückt werden kann...»*[16] — dann zeugt das eindeutig von mangelndem Unterscheidungsvermögen, denn aus welchem Beweggrund heraus sollen die Christen den Anschluss an die scheussliche Punkszene und ihre Musik bekommen? Wer es, wie Garth Hewitt, unterlässt, die einzelnen Musikgruppen und -stücke anhand der Bibel zu beurteilen, beraubt sich des Fundamentes des Unterscheidungsvermögens[17].

Francis Schaeffer schreibt über die Beurteilung des Inhaltes von Kunstwerken: *«Die Weltanschauung, die in den Werken eines Künstlers zum Ausdruck kommt, muss, soweit es den Christen betrifft, letztlich anhand der Bibel überprüft werden. Die Weltanschauung des Künstlers ist nicht frei von der Beurteilung durch das Wort Gottes. Hier kann der Künstler mit dem Wissenschafter verglichen werden. Der Wissen-*

schafter mag einen weissen Kittel tragen und von der Gesellschaft als 'Autorität' betrachtet werden, aber wo seine Aussagen auf Gottes Wahrheit in der Heiligen Schrift übergreifen, kommen sie unter die Autorität der Bibel. Ein Künstler mag den Arbeitskittel eines Malers tragen und fast als heiliger Mann angesehen werden, aber wo sein Werk seine Weltanschauung ausdrückt, muss diese anhand der christlichen Weltanschauung beurteilt werden»[18].

Wer also die christliche Musik und besonders ihre Texte nicht anhand einer bibeltreuen Theologie überprüfen will, bewegt sich in die gefährliche Richtung der Oberflächlichkeit, der Vermischung aller theologischen Strömungen und schliesslich der religiösen Verwirrung.

In der ganzen evangelischen Welt und auch im Bereich der Musik tut Unterscheidungsvermögen not! Zu viele Christen sind träge geworden zum Hören auf Gottes Wort; obschon sie der Zeit nach Lehrer sein sollten, haben sie wieder nötig, gewisse Anfangsgründe der Aussprüche Gottes zu lernen, weil sie der «Milch» bedürftig geworden sind und nicht «fester Speise»[19].

Es ist eines der Hauptanliegen der vorliegenden Schrift, einen Beitrag zur Schulung des Unterscheidungsvermögens zu leisten.

Christliche Rock-Musik?

WEIL DIE TYPISCHEN ELEMENTE DER ROCK-MUSIK, nämlich

- der einseitig körperbetonte Rhythmus,
- die monotone Wiederholung von Melodie-, Harmonie- und Rhythmusteilen,
- die grosse Lautstärke und
- die ungeordneten, ekstatischen Ausdrucksformen

DER SCHÖPFUNGSORDNUNG GOTTES WIDERSPRECHEN, weil diese Musik oft rauschartig und hypnotisch wirkt, in Trance und zerstörerische Ekstase versetzt, und weil der Begriff «Rock» zu negativ belastet ist, KANN ES KEINE CHRISTLICHE ROCK-MUSIK GEBEN.

Wie weit EINZELNE ELEMENTE (Instrumentierung, Klang-, Harmonie-, Melodie-, Rhythmus- und Ausdruckselemente) der verschiedenen Rockstile zu Musik des Friedens verarbeitet werden können — diese schwierige Frage muss jeder Komponist mit viel Sorgfalt und dem Bestreben beantworten, nicht nur bestehende Formen zu übernehmen, sondern neue zu schaffen, die mit der Schöpfungsordnung Gottes übereinstimmen.

Sein Ziel soll es sein, Musik des Friedens in grosser Vielfalt zur Ehre Gottes zu komponieren.

X. Christliche Lebenshaltung und schöpferische Tätigkeit

Das Leben des Christen als Kunstwerk zum Lobe Gottes

Eine wahrhaft christliche Lebenshaltung ist erst möglich, wenn der Mensch seine ablehnende Haltung gegen Gott aufgegeben und Frieden mit ihm gemacht hat[1]. Er besitzt dann die Gabe des ewigen Lebens[2] und der heilige Geist wohnt in ihm[3]. Der Geist Gottes möchte die Frucht des Geistes im Gläubigen hervorbringen: Liebe, Freude, Friede, Geduld, Freundlichkeit, Gütigkeit, Treue, Sanftmut, Selbstbeherrschung[4]. Diese Eigenschaften kennzeichnen vor allen andern die wahre christliche Lebenshaltung!

Zu dieser gehört auch das Bewusstsein der Abhängigkeit vom lebendigen Gott, dem Schöpfer des Universums. Durch sein Wort schuf der allmächtige Gott die Natur und den Menschen aus dem Nichts[5]. Im Unterschied zum Tier ist der Mensch nach dem Bilde Gottes geschaffen[6]. Er kann darum schöpferisch tätig sein, auch wenn er nicht fähig ist, aus dem Nichts zu erschaffen, sondern das ihm zur Verfügung stehende Material verwenden muss. Der bibelgläubige Christ im allgemeinen und der Künstler im besonderen sind freie Menschen, frei, mit viel Vorstellungskraft und Phantasie schöpferisch tätig zu sein. *«Der Christ ist derjenige, dessen Einbildungskraft bis über die Sterne hinausgehen sollte»*[7].

Für H.R. Rookmaaker, den leider zu früh verstorbenen holländischen Kunsthistoriker, bedeutet schöpferische Tätigkeit im weitesten Sinne des Wortes, die eigenen Möglichkeiten wahrzunehmen, in Liebe und Wahrheit innerhalb gegebener Lebenssituationen tätig zu sein und gegen die Sünde und ihre Folgen zu kämpfen. Künstlerische Kreativität ist dabei eine der vielen schöpferischen Möglichkeiten[8]. Rookmaaker betont zu Recht, dass Wahrheit und Liebe eng mit Schönheit verbunden sind, wobei Liebe, Freude und Schönheit Gaben Gottes an die Menschheit sind. *«Der Künstler hat mit seinen ausserordentlichen Gaben eine besondere Aufgabe, einen wunderbaren Ruf. (...) Sein Ruf ist es, das Leben zu verschönern und es der Mühe wert zu machen, den Klang, die Form, die Erzählung, die Dekoration und die Umgebung zu schaffen, die sinnvoll und lieblich sind und die Menschheit erfreuen»*[9]. Christliche Kunst drückt sich darum in allen Bereichen des menschlichen Lebens aus und wird nicht nur durch evangelistische Ziele gerechtfertigt. Diese allgemeine Bestimmung des Künstlers schliesst natürlich nicht aus, dass der bibelgläubige Künstler gelegentlich auch Prophet, Prediger und Evangelist sein kann.

Rookmaaker sieht vier Eigenschaften, die ein Künstler haben sollte: Talent, Intelligenz, Persönlichkeit und Fleiss. Talent im Sinne einer besonderen Begabung; Intelligenz im Sinne der Fähigkeit, die Wirklichkeit richtig zu verstehen und die entsprechende künstlerische Form zu finden; Persönlichkeit und Fleiss, um echte Kunstwerke zu schaffen, denn gute Kunst ist immer ein Resultat harter Arbeit[10].

Francis Schaeffer beschliesst sein Büchlein *«Kunst und Bibel»* zu Recht mit dem schönen Gedanken, dass jeder Mensch sein eigenes Leben als Kunstwerk betrachten und dementsprechend gestalten sollte. *«Er mag keine Begabung zum Schreiben, Komponieren oder Singen haben, aber jeder Mensch hat die Gabe der schöpferischen Fähigkeit in der Art und Weise, wie er sein Leben lebt. In diesem Sinne ist das Leben des Christen ein Kunstwerk. Das Leben des Christen soll inmitten einer verlorenen und verzweifelten Welt ein Werk der Wahrheit und Schönheit sein»*[11].

Diese grosse und schöne Aufgabe, sein eigenes Leben als Kunstwerk zu gestalten, erfordert ebenfalls Talent, Lebensweisheit, Persönlichkeit und Fleiss. Jeder Mensch hat von

Gott Talente oder Gaben erhalten — die Frage ist nur, was er damit tut. Lebensweisheit ist eine köstliche Gabe, die Gott jedem schenkt, der ihn darum bittet[12], und Charakter und Fleiss sind grundlegende Merkmale der christlichen Lebenshaltung. Sein Leben als Kunstwerk gestalten heisst also, im Alltag so weit wie möglich schöpferisch tätig sein, auch wenn die Voraussetzungen dazu an manchen Arbeitsplätzen in der Industriegesellschaft kaum mehr gegeben sind, weil die Ingenieure und Techniker — durch ihre schöpferische Tätigkeit — Maschinen und Automaten bauen, die viele Arbeitnehmer der Kreativität berauben. Trotzdem ist im Alltag noch viel Spielraum vorhanden: Bei der Gestaltung der Freizeit, der Einrichtung der Wohnung, im Ehe- und Familienleben, bei der Kindererziehung, der Art des Tischdeckens, bei der Geburtstagsfeier, bei Hausmusik des Friedens, bei der Mitarbeit in der christlichen Gemeinde und bei vielen anderen Gelegenheiten können eigene Ideen verwirklicht werden.

Dabei ist ein Grundsatz wichtig: Wir sollen nicht dauernd über all das jammern, was ausserhalb unserer Möglichkeiten liegt, sondern wenigstens das in die Tat umsetzen, was uns die jeweilige Lebenssituation erlaubt. Gesundheit, Freiheit und Friede sind Voraussetzungen, welche die schöpferische Tätigkeit erleichtern, und für die wir darum dankbar sein wollen[13].

Sein Leben als Kunstwerk gestalten — diese Aufgabe lässt aber auch die eigene Unzulänglichkeit und Schwachheit erkennen. Darum können wir alle in das Gebet von MANFRED SIEBALD einstimmen[14]:

« Gib mir die richtigen Worte,
gib mir den richtigen Ton.
Worte, die deutlich für jeden
von dir reden —
gib mir genug davon.

Worte, die klären,
Worte, die stören,
wo man vorbeilebt an dir;

Wunden zu finden
und sie zu verbinden —
gib mir die Worte dafür.

Gib mir die guten Gedanken,
nimm mir das Netz vom Verstand,
und lass mein Denken und Fühlen
vor dir spielen
so wie ein Kind im Sand.

Staunend und sehend,
prüfend, verstehend
nehm ich die Welt an von dir;
sie zu durchdringen,
dir wiederzubringen —
gib mir Gedanken dafür.

Gib mir den längeren Atem;
mein Atem reicht nicht sehr weit.
Ich will noch einmal verstohlen
Atem holen
in deiner Ewigkeit.

Wenn ich die Meile
mit einem teile,
die er allein nicht schafft,
lass auf der zweiten
mich ihn noch begleiten —
gib mir den Atem, die Kraft.»

Christliche Lebenshaltung, schöpferische Tätigkeit, Kunst und Musik des Friedens — welch eine Lebensfülle und welch ein Grund, Gott zu loben!

«Hallelujah!
Lobet Gott in seinem Heiligtum,
lobet ihn in der Feste seiner Macht!
Lobet ihn wegen seiner mächtigen Taten,
lobet ihn ob seiner grossen Majestät!
Lobet ihn mit Posaunenschall,
lobet ihn mit Psalter und Harfe!

Lobet ihn mit Pauken und Reigen,
lobet ihn mit Saitenspiel und Flöte!
Lobet ihn mit hellen Zimbeln,
lobet ihn mit lauten Zimbeln!
Alles, was Odem hat, lobe den HERRN!
Hallelujah!»

Psalm 150

Anhang:
Wolfgang Amadeus Mozart war Freimaurer:
Muss der Christ darum seine rein instrumentale Musik ablehnen?

Da stellt sich sofort eine zweite Frage: Stimmt Mozarts rein instrumentale Musik mit der Schöpfungsordnung überein? Bei dieser Problemstellung darf nicht vergessen werden, dass Musik nur *einen* Bereich der schöpferischen Tätigkeit des Menschen ausmacht. Der Automobilbauer ist schöpferisch tätig, wenn er einen neuen Wagen konstruiert. Der Architekt, der Gärtner, der Koch, der Chirurg – sie alle sind schöpferisch tätig, wenn sie in ihrem Fachgebiet etwas Neues hervorbringen. Fragen wir aber vor einer Operation – oder beim Kauf eines Autos, eines Möbelstückes, eines Kleides, eines Hauses, einer neuen Sorte Brot – ob der Mann dahinter Christ sei oder nicht? Nein, sondern wir interessieren uns zuerst einmal für die Qualität der Sache und fragen somit, ob der Gegenstand an sich mit der Schöpfungsordnung übereinstimme. Was nützt uns das Auto eines gläubigen Ingenieurs, wenn es viel schlechter läuft als der Wagen des agnostischen Planers, der die Naturgesetze der Mechanik besser anzuwenden wusste als der Christ? Als bibelgläubiger Mensch soll man nur dann die Produkte von Nichtchristen ablehnen, wenn ihre unbiblische Weltanschauung das geschaffene Werk verdirbt. Beim Anhören von Mozarts instrumentaler Musik ist kein schlechter Einfluss des freimaurerischen Denkens erkennbar. Mozarts Instrumentalwerke zerstören die Schöpfungsordnung nicht, sondern stimmen mit ihr überein und sind darum für den Christen annehmbar. Im Gegensatz dazu gehört es zur Eigenart der Rock-Musik, dass die unbiblische Lebenseinstellung vieler Rock-Komponisten auch im rein musikalischen Teil ihrer Stücke und in der Bühnenshow zum Ausdruck kommt (siehe typische Elemente der Rock-Musik, Seite 139).
Man darf also nicht in oberflächlicher Weise von der Weltanschauung eines Komponisten auf seine Werke schliessen, sondern muss zuerst die Musik anhand der Schöpfungsordnung prüfen.

Cop

Verzeichnis der Anmerkungen zu den Kapiteln

Anmerkungen zu Kapitel I: Worum geht es eigentlich?

1. Rock-Lexikon, rororo Handbuch Nr. 6177, erweiterte Auflage, Januar 1978, S. 11 und 12.

Anmerkungen zu Kapitel II: Was ist Rock- und Pop-Musik?

1. Andreas Malessa, «Der neue Sound», Brockhaus Verlag Wuppertal, Nr. 297, 1980, S. 9.
2. Dörte Hartwich, «Pop-Musik», Laaber-Verlag, Dr. Müller-Buscher, D-8411 Laaber, 1974, S. 3.
3. Tibor Kneif, «Einführung in die Rockmusik», Heinrichshofen's Verlag, Wilhelmshaven, 1979, S. 13.
4. Ibid., S. 14.
5. Ibid., S. 16.
6. Ibid., S. 16.
7. Rock-Lexikon, S. 11.
8. Ibid., S. 410.
9. Ibid., S. 407.
10. Dörte Hartwich, «Pop-Musik», S. 2.
11. Nach Rock-Lexikon, S. 411.
12. Ibid., S. 392.
13. Ibid., S. 394.
14. Nach «Meyers Grosses Hand-Lexikon», Bibliographisches Institut Mannheim/Wien/Zürich; Meyers Lexikonverlag, 1972, S. 393.
15. Rock-Lexikon, S. 410.

16. Vergleiche Os Guinness, «Asche des Abendlandes», Telos, Hänssler-Verlag, Neuhausen-Stuttgart, 1972/1976, Kapitel 3, 6, 7, 8.
17. Rock-Lexikon, S. 11.
18. Ibid., S. 18.

Anmerkungen zu Kapitel III:
Die Rock-Welt der sechziger Jahre

1. Rock-Lexikon, rororo Handbuch Nr. 6177, erweiterte Auflage, Januar 1978.
2. Ibid., Presley, S. 277-279.
3. Ibid., The Beatles, S. 45-47.
4. Ibid., Hendrix, S. 175.
5. Ibid., The Beatles, S. 46.
6. Ibid., The Rolling Stones, S. 299.
7. Ibid., Hendrix, S. 175.
8. Ibid., Reed Lou, S. 294.
9. Ibid., Joplin, S. 197.
10. Ibid., Stones, S. 299-301.
11. Ibid., Cooper, S. 97-98.
12. Das «Groupie» ist ein Mädchen, das eher aus sozialen als aus sexuellen Gründen mit möglichst vielen Rock-Musikern schläft. Rock-Lexikon, S. 399.
13. Rock-Lexikon, Hendrix, S. 175.
14. Ibid., Dylan, S. 123.
15. Ibid., S. 389.
16. Ibid., S. 17-18.
17. Ibid., S. 408.
18. Ibid., S. 408.
19. Ibid., S. 47.
20. R. Maharaj, «Der Tod eines Guru», Telos 234, 1978/79, S. 208-211.
21. Rock Session 1, rororo Sachbuch Nr. 7086/780, August 1977, S. 3.
22. Ibid., S. 10, Jimmy Page im Gespräch mit dem Schriftsteller William Burroughs («Naked Lunch»), Crawdaddy 6/1975.

23. Rock-Lexikon, Psychedelisch, Psychedelic Rock, S. 408; Acid Rock, S. 389; LSD, S. 403-404; Light Show, S. 403.
24. Ibid., Stones, S. 300.
25. Ibid., Stones, S. 300.
26. Ibid., Black Sabbath, S. 54.
27. Rock Session 1, S. 3-4.
28. Ibid., S. 5.
29. Ibid., S. 7.
30. Ibid., S. 8.
31. Ibid., S. 9.
32. Ibid., S. 9.
33. Ibid., S. 10.
34. Ibid., S. 11.
35. Ibid., S. 11.
36. Ibid., S. 12.
37. Ibid., S. 17-18.
38. Ibid., S. 18.
39. COGO, Das christliche Jugendmagazin für Musik, Kunst und Literatur, D-6338 Hüttenberg, Nr. 27, Juli/August 80, S. 11.
40. Music Scene — Suisse/Schweiz, CH-8953 Dietikon, Nr. 19, Februar 1981, «Hard, heavy und nicht höllisch überzeugend: AC/DC in Concert», S. 77.
41. Rock-Lexikon, Hendrix, S. 174.
42. Ibid., Cooper, S. 98.
43. Ibid., Stones, S. 299-300.
44. Ibid., S. 415.
45. Ibid., S. 389.
46. Dörte Hartwich, «Pop-Musik», S. 39.
47. Ibid., S. 38.
48. Ibid., S. 38.
49. Vgl. Henry Barraud, «Pour comprendre les musiques d'aujourd'hui», Edition du Seuil, 27 rue Jacob, Paris, 1968, S. 63 und 39-62.
50. Dörte Hartwich, «Pop-Musik», S. 38-39.
51. Ibid., S. 39.
52. Ibid., S. 41.
53. Ibid., S. 42.

54. Alfred Kuen, «Pour ou contre la musique Pop-évangélique?», Kapitel 4, «Les effets de la musique pop», in «Ichthus», Nr. 76, 1978, S. 7 (Übersetzung W.K.).
55. Dörte Hartwich, S. 40.
56. Rock-Lexikon, S. 11.

Anmerkungen zu Kapitel IV: Die Ausdrucksmittel der Rock-Kultur

1. Rock-Lexikon, S. 15.
2. «Pop», Kunst und Kultur der Jugend, 1978, rororo, Nr. 7120/680, S. 105.
3. Ibid., S. 106.
4. Ibid., S. 108.
5. Ibid., S. 108.
6. Ibid., S. 112.
7. Ibid., S. 113.
8. Ibid., S. 113.
9. Ibid., S. 114.
10. Ibid., S. 101.

Anmerkungen zu Kapitel VI: Die Rock-Welt der siebziger Jahre — wie geht es weiter? Ausblick auf die achtziger Jahre

1. bis 4. und 7. «Weltwoche», Zürich, Report vom 1. November 1978: «Disco-Welle: Der Sound der toten Seelen», S. 45f.
5. «Disco-Fieber» von Kitty Hansen, Wilhelm Heyne Verlag, München, deutsche Ausgabe 1979, Nr. 5551/480, S. 7.
6. Narziss ist ein schöner Jüngling der griechischen Sage, der sich in sein Spiegelbild verliebte.
8. «Disco-Fieber», S. 11.
9. Ibid., S. 14.
10. Hobby, Stuttgart, Nr. 1, 2. Januar 1979, S. 12-18.
11. «Tages Anzeiger», Zürich, 23. Februar 1979, «Disco-Fieber zu recht stolzen Schwarzmarktpreisen», S. 21.
12. Siegfried Schmidt-Joss ist einer der Autoren des Rock-Lexikons.

13. «Weltwoche», Zürich, Report vom 1. November 1978, S. 46.
14. «Disco-Fieber», S. 20.
15. Ibid., S. 20-21.
16. Tibor Kneif, «Einführung in die Rock-Musik», S. 135-136.
17. bis 20. «Tages Anzeiger», Zürich, Extrablatt der Jungen vom Mittwoch, 16. November 1977, «Punk-Rock», S. 53.
21. «KISS» soll nach einer vom Verfasser nicht überprüften Quelle die Abkürzung für «Kings In Satanic Service» (Könige des Satansdienstes) sein.
22. «Tages Anzeiger», Zürich, vom Mittwoch, 28. März 1979, Extrablatt der Jungen, «Nina Hagen: Den Leuten auf die Köpfe kloppen!», S. 59 und «Tages Anzeiger», Zürich, vom Samstag, 31. März 1979, «Nina Hagen (und ihre Band): Mehr als ein irres Rock-Spektakel», S. 17.
23. «Tages Anzeiger», Zürich, vom Montag, 20. August 1979, Kultur, «Londons Teenager wollen zu den 60iger Jahren zurück», S. 19.
24. «Tages Anzeiger», Zürich, Wochenendprogramm, Freitag, 9. Februar 1979, KINO, «Rock'n'Roll wohlauf», S. 5.
25. Tibor Kneif, S. 136-137.
26. «Neue Zürcher Zeitung», Zürich, vom Freitag, 7. November 1980, Nr. 260, «Eine 'neue Welle' aus San Francisco?», «New Wave als Lebensstil», S. 7.
27. vgl. Saint-Simon, Claude Henri de Rouvroy, 1760-1825, Begründer des utopischen Sozialismus.
28. Rock-Session 4, rororo Nr. 7358, Reinbek bei Hamburg, September 1980, S. 7ff und 94ff.
29. bis 33. Ibid., S. 7.
34. und 35. Ibid., S. 8.
36. Ibid., S. 9.
37. Ibid., S. 13.
38. Ibid., S. 17.
39. Ibid., S. 89.
40. Ibid., S. 94.

41. Ibid., S. 95.
42. Ibid., S. 98.
43. Ibid., S. 103-104.
44. «Journal du Jura/Tribune jurassienne», 5. Februar 1981, «Les infortunes de la perversion», S. 35.
45. «Der Bund», Bern, 10. Februar 1981, Nr. 33, «Es sieht aus wie auf einer Baustelle», S. 17.

Anmerkungen zu Kapitel VII:
Die Alternative: Lebensstil der Rock-Kultur oder christliche Lebenshaltung?

1. Siehe Anmerkung 16., Kapitel II.
2. vgl. Matthäus 7, 24-27.
3. vgl. 1. Korinther 14, 33.
4. vgl. Römer 1, 29-31.
5. vgl. Römer 3, 23.
6. vgl. 1. Johannes 5, 20.
7. vgl. Philipper 2, 7-8.
8. vgl. Hebräer 4, 15.
9. vgl. Philipper 2, 8.
10. vgl. 2. Korinther 5, 21.
11. vgl. Kolosser 2, 13-14.
12. vgl. Römer 2, 4, Johannes 3, 36 und 5, 24.
13. vgl. 1. Johannes 1, 7.
14. vgl. Epheser 2, 8.
15. vgl. Römer 6, 23.
16. vgl. Lukas 19, 7-10.
17. vgl. Philipper 4, 7.
18. vgl. 1. Timotheus 1, 5-11; 2. Timotheus 2, 14-17 und 4, 1-5.
19. vgl. Epheser 4, 11-16.
20. vgl. Römer 12, 2.

Anmerkungen zu Kapitel VIII:
Musik des Friedens

1. vgl. «Lexikon zur Bibel», Brockhaus Verlag Wuppertal, 1973, Artikel «Welt», Spalten 1523-1526 und Galater 5, 19-21.

2. Kolosser 3, 23.
3. 1. Korinther 10.
4. vgl. Jakobus 2, 14.
5. vgl. Lukas 10, 38ff.
6. vgl. 1. Korinther 14, 33.
7. vgl. «Lexikon zur Bibel», Artikel «Friede» und «The New Bible Dictionary», Inter-Varsity Press, 1976, Artikel «Peace», S. 956.
8. vgl. Philipper 4, 7.
9. vgl. Galater 5, 22; Johannes 14, 27; 17, 13; 16, 33; Philipper 4, 4. 7. 9.
10. vgl. Galater 5, 22.
11. 1. Mose 1, 31.
12. vgl. Psalmen 19 und 148.
13. Zitiert in «Wie können wir denn leben?» von F.A. Schaeffer, Telos Nr. 4013, 1977, S. 88.
14. Wuppertaler Studienbibel, Brockhaus Verlag, Wuppertal, 1974, «Die Briefe des Paulus an die Philipper und an die Kolosser», S. 260.
15. vgl. Philipper 4, 8, Albrecht.
16. vgl. Jakobus 3, 6b.
17. «Songs junger Christen», Band 1, Hänssler-Verlag, Neuhausen-Stuttgart.
18. «Songs junger Christen», Band 2, Hänssler-Verlag, Neuhausen-Stuttgart.
19. Mozart, «Exsultate, jubilate», Motette für Sopran, KV 165.
20. vgl. Sprüche 1, 1-7.
21. vgl. Römer 12, 2 und Kolosser 2, 8.
22. vgl. Johannes 16, 7b-11.
23. vgl. Anmerkungen 48. und 49., Kapitel III.
24. «Die kleine Chronik der Anna Magdalena Bach», Koehlers, Verlagsgesellschaft Biberach an der Riss, 1957, S. 137.
25. «Rock-Session» 1, rororo 7086, 1977, S. 10.
26. «das Dezibel»: Masseinheit für Lautstärke und Schwerhörigkeit.
27. «Tages Anzeiger», Zürich, «Musik ist unverantwortbar laut», Mittwoch, 27. Februar 1980, S. 16.

28. D. Hartwich, S. 19.
29. Ibid., S. 25.
30. Ibid., S. 25-26.
31. F. Oberkogler, «Pop-Musik», Merkblätter zur Gesundheitspflege, Dornach, S. 9.
32. D. Hartwich, S. 27.
33. Ibid., S. 27.
34. Ibid., S. 27.
35. Ibid., S. 28.
36. Ibid., S. 11.
37. Ibid., S. 29.
38. vgl. letzter Teil der «Frucht des Geistes», Galater 5, 22.
39. Siehe Kap. III, «Die Auswirkungen der Rock-Musik auf Körper und Seele»; vgl. auch Anmerkung 48., Kapitel III.
40. vgl. Galater 5, 22.
41. vgl. damit die Wirkung des Wortes Gottes, 2. Timotheus 3, 16. Die Lieder Manfred Siebalds haben in ausgeprägter Weise diese Wirkung.
42. vgl. Psalmen 149, 150 und Epheser 5, 19.
43. vgl. Kolosser 3, 16.
44. Erscheint 1981, Vorabdruck im «factum», Schwengeler Berneck, Juli/August 1980, S. 26-27.
45. Karl Ipser, «Michelangelo, Künstler und Prophet», Verlag Friedrich Pustet, 1977, S. 56.
46. Georg Friedrich Schulz, «Michelangelo», Schuler Verlagsgesellschaft, Herrsching am Ammersee 1978, Verlag «Pro Arte», S. 16.
47. Ibid., S. 16.
48. vgl. Baker's Dictionary of Theology, Baker House, Grand Rapids, Michigan, 9. Druck, 1978, Artikel «Mariolatry», S. 343; «Assumption of Mary», S. 69; «Mother of God», S. 365. Die Bibel gibt keinen Hinweis zum Motiv der «Pietà»: Joseph von Arimathia nahm den Leib Christi vom Kreuz, wickelte ihn mit Hilfe des Nikodemus (Joh. 19, 39-40) in reine Leinwand und legte ihn in seine neue Gruft (vgl. Mt. 27, 57-61; Mk. 15, 42-47; Lk. 23, 50-56; Joh. 19, 38-42). Die Frauen sahen zu und gaben das Geleit.
49. G.F. Schulz, «Michelangelo», S. 16.

50. Wuppertaler Studienbibel, Kolosser 3, 16, S. 263, Anmerkung 65.
51. Andreas Malessa, «Der neue Sound», Brockhaus Verlag Wuppertal, 1980, S. 10.
Vgl. auch Zeitschrift «PUNKT» Nr. 1 — Januar 1981, Bundes-Verlag eG, Witten, Artikel «Kritik-Musikszene im Zwielicht?», S. 12-13.
52. Siehe «Integration von Botschaft und Medium».
53. D. Hartwich, S. 199-200.
54. H.R. Rookmaaker, «Art needs no justification», Inter-Varsity Press, 1978, S. 49-50.
55. Ibid., S. 55.
56. vgl. Kapitel V, VI, VII.
57. Römer 1, 21-23.
58. 1. Korinther 4, 7.
59. Sprüche 26, 12.
60. Jesaja 5, 21.
61. 1. Korinther 3, 18-20.
62. 1. Korinther 3, 21; vgl. auch 3, 1-23 und 4, 1-21.
63. vgl. Jakobus 1, 17.
64. «Die kleine Chronik der Anna Magdalena Bach», S. 68-69.
Vgl. zur allgemeinen Frage «Kunst und Publikum» auch H.R. Rookmaaker, «ART and the PUBLIC TODAY», 2nd edition 1969, Huémoz-sur-Ollon, Switzerland, L'Abri Fellowship Foundation.
65. 1. Thessalonicher 5, 18.
66. Psalm 149, 1-3.

Anmerkungen zu Kapitel IX: Christliche Rock-Musik?

1. Andreas Malessa, «Der neue Sound», S. 10-12.
2. Ibid., S. 50-51.
3. Bob Dylan, «Slow Train Coming», CBS 86095, 1979.
4. Bob Dylan, «Saved», CBS 86113, 1980.
5. Peter Figlestahler in «Neue Zürcher Zeitung», Zürich, Samstag/Sonntag, 14./15. Juni 1980, Nr. 136, S. 81; Übersetzung der zitierten Song-Texte vom Verfasser.

6. vgl. 1. Mose 37, 2; 41, 46.
7. vgl. 2. Mose 7, 7; Apostelgeschichte 7, 22-23. 30.
8. vgl. Galater 1, 16-18.
9. vgl. Johannes 8, 31-36.
10. vgl. Römer 12, 2.
11. Gene A. Getz, «Der Mann aus biblischer Sicht», Dynamis Verlag, CH-8280 Kreuzlingen, 1980, S. 135.
12. Song-Book von «Slow Train Coming», Special Rider Music, New York, 1979, S. 8, Übersetzung vom Verfasser.
13. D. Hartwich, «Pop-Musik», S. 199-200.
14. P. Figlestahler, «Bob Dylans neues Glaubensbekenntnis».
15. vgl. Hebräer 5, 13-14.
16. Zitiert in «Musikus» 3/80, Zürich.
17. vgl. A. Malessa, «Der neue Sound», S. 161.
18. F.A. Schaeffer, «Art and the Bible», L'Abri Special, Hodder and Stoughton, London, 1973, S. 41, Übersetzung vom Verfasser.
19. vgl. Hebräer 5, 11-12.

Anmerkungen zu Kapitel X: Christliche Lebenshaltung und schöpferische Tätigkeit

1. Siehe Kapitel VII: Die Alternative: Lebensstil der Rock-Kultur oder christliche Lebenshaltung?
2. vgl. Johannes 3, 16.
3. vgl. 1. Korinther 3, 16.
4. vgl. Galater 5, 22.
5. vgl. Psalm 33, 9 und Johannes 1, 1-3.
6. vgl. 1. Mose 1, 27.
7. Francis Schaeffer, «Art and the Bible», S. 59, Übersetzung vom Verfasser.
8. vgl. H.R. Rookmaaker, «Modern Art and the Death of a Culture», Inter-Varsity Press, 2. Ausgabe 1973, S. 226.
9. Ibid., S. 243, Übersetzung vom Verfasser.
10. vgl. H.R. Rookmaaker, «Art needs no Justification», S. 59-61.

11. F. Schaeffer, «Art and the Bible», S. 60 und 61, Übersetzung vom Verfasser.
12. vgl. Jakobus 1, 5.
13. vgl. Edith Schaeffer, «Mit Phantasie und Liebe», Oncken Verlag Wuppertal und Haus der Bibel Genf.
14. Manfred Siebald, aus «Zeitpunkte», (Liederbuch) Hänssler-Verlag, Neuhausen-Stuttgart.

Literaturverzeichnis

BACH, Anna Magdalena, «Die kleine Chronik der Anna Magdalena Bach», Koehlers, Verlagsgesellschaft Biberach an der Riss, 1957.

BARRAUD, Henry, «Pour comprendre les musiques d'aujourd'hui», Edition du Seuil, Paris, 1968.

COGO, Das christliche Jugendmagazin für Musik, Kunst und Literatur, D-6338 Hüttenberg, herausgegeben bis 1980; 1981 ersetzt durch PACK'S, D-6451 Hammersbach.

DER BUND, Tageszeitung, Bern.

DICTIONARY OF THEOLOGY, Baker's, Baker House, Grand Rapids, Michigan, 9. Druck, 1978.

DYLAN, Bob, Song-Book von «Slow Train Coming», Special Rider Music, New York, 1979.

FACTUM, Das wissenschaftliche Magazin zum Verständnis unserer Zeit, Schwengeler Berneck, CH-9435 Heerbrugg.

GETZ, Gene A., «Der Mann aus biblischer Sicht», Dynamis Verlag, CH-8280 Kreuzlingen, 1980.

GUINNES, Os, «Asche des Abendlandes», Telos, Hänssler-Verlag, Neuhausen-Stuttgart, 1976.

HANSON, Kitty, «Disco-Fieber», Wilhelm Heyne Verlag, München, 1979.

HARTWICH-WIECHELL, Dörte, «Pop-Musik», Laaber-Verlag, Dr. Müller-Buscher, D-8411 Laaber.

HEILIGE SCHRIFT, Die, nach dem Urtext übersetzt von Franz Eugen Schlachter, neu bearbeitet und herausgegeben durch die Genfer Bibelgesellschaft, Genf, Zürich, 1975.

HOBBY, Zeitschrift, Stuttgart.

IPSER, Karl, «Michelangelo, Künstler und Prophet», Verlag Friedrich Pustet, Regensburg, 1977.
JOSE RAGUE ARIAS, M.a, «Pop», Kunst und Kultur der Jugend, rororo, Rowohlt, Reinbek bei Hamburg, 1978.
JOURNAL DU JURA/TRIBUNE JURASSIENNE, Tageszeitung der französischen Schweiz, Biel.
KNEIF, Tibor, «Einführung in die Rockmusik», Heinrichshofen's Verlag, Wilhelmshaven, 1979.
KUEN, Alfred, «Pour ou contre la musique Pop-évangélique?», in «Ichthus», französische, evangelische Zeitschrift, 1227 Genève.
LEXIKON ZUR BIBEL, herausgegeben von Fritz Rienecker, R. Brockhaus Verlag Wuppertal, Volksausgabe 1973[2].
MAHARAJ, R., «Der Tod eines Guru», Telos 234, Hänssler-Verlag, Neuhausen-Stuttgart, 1978/79.
MALESSA, Andreas, «Der neue Sound», Brockhaus Verlag, Wuppertal, 1980.
MEYERS GROSSES HAND-LEXIKON, Meyers Lexikonverlag, Mannheim, Wien, Zürich, 1972.
MUSIC SCENE, Suisse/Schweiz, Monatszeitschrift, CH-8953 Dietikon.
MUSIKUS, Magazin für christliche Musik und Kunst, Zürich, herausgegeben bis Ende 1980.
NEUES TESTAMENT, übers. v. Ludwig Albrecht, Brunnen-Verlag, Giessen und Basel, 1975[11].
NEUE ZÜRCHER ZEITUNG, Tageszeitung, Zürich.
OBERKOGLER, F., «Pop-Musik», Merkblätter zur Gesundheitspflege, Verein für ein anthroposophisch erweitertes Heilwesen, CH-4143 Dornach.
PUNKT, Monatszeitschrift, Herausgeber: Bundes-Verlag eG, Witten.
ROCK-LEXIKON, Siegfried Schmidt-Joos, Barry Graves, rororo, Rowohlt, Reinbek bei Hamburg, erweiterte Auflage 1978.
ROCK-SESSION 1, Magazin der populären Musik, rororo, Rowohlt, Reinbek bei Hamburg, 1977.
ROCK-SESSION 2, Magazin der populären Musik, rororo, Rowohlt, Reinbek bei Hamburg, 1978.
ROCK-SESSION 3, Magazin der populären Musik, rororo, Rowohlt, Reinbek bei Hamburg, 1979.

ROCK-SESSION 4, Magazin der populären Musik, rororo, Rowohlt, Reinbek bei Hamburg, 1980.
ROOKMAAKER, H.R., «Art and the Public today», L'Abri Fellowship Foundation, Huémoz-sur-Ollon, 1969[2].
ROOKMAAKER, H. R., «Art needs no justification», Inter-Varsity Press, Leicester, 1978.
ROOKMAAKER, H. R., «Modern Art and the Death of a Culture», Inter-Varsity Press, Leicester, 1973[2].
SCHAEFFER, Edith, «Mit Phantasie und Liebe», Oncken Verlag Wuppertal und Haus der Bibel Genf, Zürich, Basel, 1975[2].
SCHAEFFER, Francis A., «Art and the Bible», L'Abri Special, Hodder and Stoughton, London, 1973.
SCHAEFFER, Francis A., «Wie können wir denn leben?», Telos, Hänssler-Verlag, Neuhausen-Stuttgart, 1977.
SCHULZ, Georg Friedrich, «Michelangelo», Schuler Verlagsgesellschaft, Verlag «Pro Arte», Herrsching am Ammersee, 1978.
SONGS JUNGER CHRISTEN, Band 1, Hänssler-Verlag, Neuhausen-Stuttgart, 1973[5].
SONGS JUNGER CHRISTEN, Band 2, Hänssler-Verlag, Neuhausen-Stuttgart, 1977.
TAGES ANZEIGER, Tageszeitung, Zürich.
WELTWOCHE, Zeitung, Zürich.
WUPPERTALER STUDIENBIBEL, «Die Briefe des Paulus an die Philipper und an die Kolosser», Brockhaus Verlag, Wuppertal, 1974.

Schallplatten und Kassetten

DYLAN, Bob, «Slow Train Coming», CBS 86095, 1979.
DYLAN, Bob, «Saved», CBS 86113, 1980.
SIEBALD, Manfred, «Zeitpunkte», LORD-PRODUKTION, Asslar, 1978.